켄 월버의 **통합불교**

INTEGRAL BUDDHISM
by Ken Wilber

Copyright © 2014 by Ken Wilber
Korean translation copyright © 2022 by Gimm-Young Publishers, Inc.
All rights reserved.

This translation is published by arrangement with Shambhala Publications, Inc.,
Boulder through Sibylle Books Literary Agency, Seoul.

켄 윌버의 통합불교

1판 1쇄 인쇄 2022. 2. 17.
1판 1쇄 발행 2022. 3. 2.

지은이 켄 윌버
옮긴이 김철수

발행인 고세규
편집 전무규 디자인 조명이 마케팅 윤준원 홍보 최정은
발행처 김영사

등록 1979년 5월 17일 (제406-2003-036호)
주소 경기도 파주시 문발로 197(문발동) 우편번호 10881
전화 마케팅부 031)955-3100, 편집부 031)955-3200 | 팩스 031)955-3111

값은 뒤표지에 있습니다.

ISBN 978-89-349-5229-9 03220

홈페이지 www.gimmyoung.com   블로그 blog.naver.com/gybook
인스타그램 instagram.com/gimmyoung   이메일 bestbook@gimmyoung.com

좋은 독자가 좋은 책을 만듭니다.
김영사는 독자 여러분의 의견에 항상 귀 기울이고 있습니다.

켄 월버의 통합불교

— 영성의 미래 —

INTEGRAL BUDDHISM

and the

Future of Spirituality

켄 월버 지음
김철수 옮김

김영사

일러두기

- '통합불교Integral Buddhism'는 켄 윌버가 설명하는 불교의 '네 번째 전환The Fourth Turning', 즉 4세대 불교에 해당하는 가장 새로운 방식의 종교·영성 시스템을 의미한다.

- 이 책에서는 원문의 'Turning'이라는 용어를 맥락에 따라 '회전' 혹은 '전환'이라는 용어로 옮겼다. '회전回傳'은 '제1회전' '제4회전'처럼 시기 또는 회기와 같은 의미를, '전환'은 역동적 과정으로서의 의미를 나타내고자 할 때 사용한다.

- 각주는 모두 옮긴이의 주석이다.

서문
—

이 책은 최근에 출간된, 꽤나 두껍고 상세한 내용을 담고 있는《내일의 종교》*에 대한 입문적이고 개략적인 요약본이라고 할 수 있다. 현시점에서 그 책의 기본 논점과 핵심 아이디어만 간추린 요약본을 출간하는 것이 좋겠다고 판단한 이유는, 다소 난해해 보이는 그 책의 주요 논제를 간결하고 쉽게 보여주는 책이 있으면 좋겠다는 생각에서였다.

또 다른 이유는 지금이야말로 세계의 핵심 종교들이 자신의 근본교리와 진실 및 복음을 최신화하는 작업을 진지하게 고려해야 할때라고 생각했기 때문이다.

---

* Ken Wilber. *The Religion of Tomorrow: A Vision for the Future of the Great Traditions – More Inclusive, More Comprehensive, More Complete*. Shambhala, 2017.

사실상 모든 핵심 종교는 최소한 천 년이 넘는 시간 동안, 그 종교 본래의 주요 가르침 위에 새로 알게 된 중요한 아이디어와 수행법을 추가해왔다. 그 본래의 가르침 자체는 사실상 예외 없이, 사람들이 지구가 평평하다고 믿었고 노예제도는 정상적이고 자연스러운 상태라고 믿었던 시대, 여성과 그 밖의 소수자들을 2류 시민으로 여겼던 시대, 진화에 대한 지식이 없었을 뿐만 아니라 대부분의 근대 과학도 발견되지 않았던 (지식의 원천이 과학적 실험이 아니라 신화적 계시에 있던) 시대, 지식의 다문화적 성질에 대해선 전혀 들어보지도 못했던 시대에 만들어진 것들이었다.

나의 논제는, 위대한 전통들의 핵심 아이디어는 그대로 유지하면서, 지난 천여 년 동안 새롭게 발견된 영적 경험과 영성 지능 및 영적 발달에 대한 수많은 내용을 추가할 수 있다는 것이다. 그렇게 해서 나온 결과물은 각 전통의 중심적인 가르침을 '초월하면서 포함'하는 영적인 틀, 즉 옛것을 포함하면서 그 옛것과 충분히 양립 가능한 아주 많은 새로운 것을 추가한 영적인 틀, 따라서 근본적으로 근대와 탈근대 세계에 보조를 맞춘 최신 정보를 추가한 영적인 틀이 되리라는 것이다.

통합적 접근을 통해 위대한 전통을 최신화하는 작업은 이미 많은 전통에서 시작되었다. 여기에는 기독교(예를 들면, 폴 스미스Paul Smith 의 《통합기독교Integral Christianity》, 톰 스레셔Tom Thresher의 《경건한 불경不敬·Reverent Irreverence》, 브루스 생귄Bruce Sanguin의《떠오르는 교회The Emerging Church》, 크리스 디어키스Chris Dierkes, 롤리 스태니크Rollie Stanich, 토마스 키팅 신부Father Thomas Keating 및 그 밖의 많은 분의 작품), 힌두교(더스틴 디페르나Dustin DiPerna는 다른 위대한 전통들에 대해서도 중요한 통합 작업을 시도했다), 유대교(마크 게프니Marc Gafni의《급진적 카발라Radical Kabbalah》)뿐만 아니라 불교(준 포 로시Jun Po Roshi, 다이엔 무쇼 해밀턴Diane Musho Hamilton, 쵸걈 트룽파의 직계 후계자인 패트릭 스위니Patrick Sweeney)도 포함되어 있으며, 커트 존슨Kurt Johnson과 데이빗 오드David Ord의《다가오는 영간靈間 시대The Coming Interspiritual Age》같은 저술도 있다.

그런 최신화 작업은 각 전통의 핵심적인 본래 가르침을 유지하면서 현대 과학과 통합할 수 있다는 생각에서 상당한 주목을 받았다. 이러한 전반적인 접근은, 영적 경험과 영성 지능이 최초로 생성되는 방식에 관한 내용(즉 원래의 가르침에 이미 명백히 들어 있는 내용)과, 본래 가르침의 핵심에 전혀 어긋나지 않으면서도 확장되고 현대화될 수 있는 내용에 주목함으로써 이루어진다.

　특히 불교에서 일부 스승들은 지금까지 수년 동안 이와 같은 작업을 해왔으므로, 불교에 대한 새로운 통합적 접근의 핵심 사항들을 요약하는 일이 (어떤 위대한 전통이든 통합적으로 최신화되고 계발될 수 있다는 하나의 본보기로써) 필요할 것으로 생각되었다.

불교는 사실상 다른 모든 위대한 전통과는 달리, 언제나 자신의 가르침에 대한 지속적인 전개와 확장에 개방적이었다. 이런 사실은 불교 자체의 주요 가르침인 "3번(혹은 4번)에 걸친 법륜法輪의 회전 Turning"이라는 관념에서도 확인할 수 있다. 불교 자신의 말에 따르면, 불법佛法(불교의 진실) 자체가 이미 그 가르침에서 세 번(또는 네 번)의 중요한 발전적 전환을 겪었다는 것이다.

첫 번째 법륜의 회전은 가우따마 붓다라는 역사적 인물에 의해 최초로 시작되었으며, 오늘날까지도 상좌부Theravāda 불교의 가르침 속에 남아 있다.

두 번째 회전은 서기 200년경 궁극적 실재의 근본적인 무제한 성을 뜻하는 '공空·śūnyatā'이라는 혁신적 개념을 도입한 나가르주나Nāgārjuna(150?-250?)로부터 시작되었다. 이 개념은 '궁극의 실재는 존재한다고도, 존재하지 않는다고도, 둘 다라고도, 둘 다 아니라고도 말할 수 없다'라는 관점을 포함하는데, 이러한 생각은 실재에 대한 모든 개념을 마음에서 일소함으로써 실재 자체를 직접 경험할 수 있도록 하기 위한 것이었다. 이는 사실상 이후의 모든 대승大乘(마하야나Mahayana, '큰 수레')과 금강승金剛乘(와즈라야나Vajrayana, '금강석으로 이루어진 수레') 가르침의 기반이 되었다.

세 번째 회전은 4~5세기경 배다른 형제인 무착無着(아상가Asanga)과 세친世親(와수반두Vasubandhu)에 의해 일어났는데, 일반적으로 '유가행파瑜伽行派·yogachara'라고 불리며, 때로는 '유식唯識'(Mind-Only) 학파라고 칭하기도 한다. 이 학파는 궁극의 실재가 공이라는 나가르주나의 주장에 동의하면서도, 그 실재가 곧 궁극적인 '마음'이라고 보았다. 이러한 가르침은 탄트라tantra와 금강승 가르침의 중심 기반이 되었는데, 특히 서기 8세기에서 11세기에 이르기까지 인도의 날란다Nalanda 대학 같은 곳에서 번창했고, 티베트의 여러 불교 학파들에 계승되었다.

한편 많은 불교 전문가들은 실제로 탄트라와 금강승을 '법륜의 네 번째 회전'이라고 생각하기도 한다(나 역시 일리 있는 생각이라고 보는데, 그렇다면 내가 지금부터 말하려 하는 것은 실은 '제5회전'이 될 것이므로 이 점에 유념하기 바란다. 하지만 이런 회전들을 인정하든 하지 않든, 이 책의 주요 핵심 사항에는 전혀 영향을 미치지 않는다. 진정으로 포용적이고 포괄적인 영성은 과연 어떤 모습을 취하게 될 것인지가 우리의 주요 현안이기 때문이다). 불교의 이러한 '회전'을 인정하는 사람들은, 각 회전이 모두 불교 본래의 핵심 사항 대부분을 수용하면서도 자신만의 새로운 가르침을 추가하는, 즉 이전의 진실들을 '초월하고 포함하는' 경향이 있다고 주장한다.

따라서 불교는 자신의 핵심적인 주요 가르침에 새롭고 심오한 내용을 첨가해서 최신의 가르침으로 만드는 데 익숙해 있다고 하겠다. 하지만 세 번째 회전이 있은 후 1,500년이라는 시간이 흘렀고, 위대한 탄트라파조차 (앞서 보았듯이) 8세기에서 11세기에 번창했으므로, 지금으로부터 거의 천 년 전에 해당한다. 다시 말하지만, 이제 새로운 근본적인 변화가 필요한 시대, 즉 법륜의 새로운 회전을 위한 시대가 무르익었다고 할 수 있다. 많은 스승들이 지금까지 수년 동안 같은 말을 해왔듯이, 이 새로운 회전은 불교가 이미 자신의 유용성과 적용성을 드러내왔던 많은 양상들 중 하나일 것이다.

간결한 요약본인 이 책은 크게 3부로 나뉘어 있다. 제1부에서는 불교의 역사와 불교가 그간에 겪었던 세 번에 걸친 회전을 다룬다. 제2부에서는 새롭게 제안된 통합적인 틀을 간략하게 기술하고, 그 틀의 기본 요소와 작용에 대해 설명한다. 제3부에서는 통합적으로 변화된 불교의 미래와 그렇지 않은 불교의 미래를 비교하면서, 불교의 미래에 대해 심사숙고하여 내린 몇 가지 결론을 제시하며 끝맺는다.

불교의 미래는 다른 주요 종교들의 미래와 다르지 않을 것이다. 이런 영적 시스템들은 근대와 탈근대 세계에서도 의미 있는 방식으로 작동하도록 변화해야 한다. 그렇게 변화하지 않으면 소멸을 면하기 어려울 것이다(아니면 점점 더 미성숙한 마음의 소유물로 국한되고 말 것이다). 이 책에서 불교를 예시로 제안하는 방법은 사실상 다른 모든 종교에도 실제로 적용될 수 있는 방법이다. 따라서 각자의 신앙이 어떤 것이냐에 관계없이(무신론이든 회의론이든, 또는 유신론이든 비신론이든), 이 책에는 독자들에게 제공해줄 수 있는 대단히 많은 유용한 내용이 담겨 있으리라고 믿는다.

비록 영성이 지난 수백 년 동안 점차 그 신망을 잃어오긴 했지만, 나는 겸양과 감사하는 마음을 갖고, 우리가 지구상에 존속해왔던 대부분의 시간 동안 영성이 인간 생활에서 차지하고 있었던 중심적이고 기본적인 위치로 그것을 되돌려 놓을 방법을 본문에서 제안할 것이다. 바라건대, 이 책이 당신의 신앙(다시 말하지만, 무신론이든 회의론이든, 또는 유신론이든 비신론이든)을 '온우주Kosmos*'라는 이 놀랍고 기막히게 멋지며 신비에 싸인 기적 같은 곳에 정착시키는 데 도움이 되길 바란다.

2013년 가을
콜로라도, 덴버에서
켄 윌버

• 고대 그리스 철학자 피타고라스가 사용한 개념으로, 물질적 · 정신적(감성과 지성) · 영적인 차원 모두가 조화롭게 혼연일체를 이루고 있는 전체적인 우주를 말한다. 오늘날 보통 물질적 차원의 우주만을 의미하는 '코스모스cosmos'와는 달리, '온우주Kosmos'는 물질계(우주)와 생물계(모든 생명체), 정신계(마음) 및 신계(영) 모두를 포함한다. 이 각각의 계는 모두 순수한 공空의 눈부신 현현으로, 그 공 자체와 다르지 않다고 할 수 있다. 윌버는 물질세계만을 진정한 세계로 바라보는 과학적 유물론을 넘어, 온우주를 신뢰할 만한 개념으로 다시 새롭게 정착시키는 일에 힘쓰고 있다.

서문 · 5

1부　　**과거**
_____

1장　　**역사적 개요** · · · · · · · · · · · · · · · ·　16

2장　　**몇 가지 가능성** · · · · · · · · · · · · · · ·　31

2부　　**현재**
_____

3장　　**관점**Views**과 시점**Vantage Points · · · · · · · · ·　48

　　　　1. 상태와 구조 · · · · · · · · · · · · · · · ·　49

　　　　2. 상태와 시점 · · · · · · · · · · · · · · · ·　50

　　　　3. 구조와 관점 · · · · · · · · · · · · · · · ·　76

　　　　4. 영성 지능 · · · · · · · · · · · · · · · ·　81

4장　　**더 통합적인 영성의 예** · · · · · · · · · · · ·　98

　　　　1. 디딤판과 관점 · · · · · · · · · · · · · · ·　99

　　　　2. 상태와 시점 · · · · · · · · · · · · · · ·　117

　　　　3. 그림자 작업 · · · · · · · · · · · · · · ·　122

4. 사분면 · 131

5. 유형론 · 148

6. '우리'의 기적 · · · · · · · · · · · · · · · · 154

7. 내면 사고의 진정한 영향력 · · · · · · · · 167

3부 # 미래

5장 불교의 미래 · · · · · · · · · · · · · · · · · · 182

켄 윌버의 주요저술 · 202

옮긴이의 말 · 208

찾아보기 · 215

1부
—

과거

1

역사적 개요

불교는 여러 면에서 독특한 영적 시스템이다. 그러면서도 인류의 다른 위대한 전통과 몇 가지 근본적인 유사성을 공유하고 있기도 하다. 아마도 불교의 가장 독특한 특징은 자신의 시스템이 진화하거나 발달하고 있다는 사실을 스스로 이해하고 있다는 점일 것이다. 이것은 일반적으로 불교의 '세 번에 걸친 대회전', 즉 불교가 밟아온 세 번의 주요 전환 과정이라는 말로 표현된다.

이 세 번의 회전 중 첫 번째는 기원전 6세기경 '위대한 축의 시대 the Great Axial period'에 기원한 초기불교로, 역사적 붓다(가우따마 싯다르타)의 원래 가르침을 담고 있는 것으로 생각되고 있다. 지금은 일반적으로 상좌부Theravāda가 초기불교를 대표하고 있다.

중관파Mādhyamika로 대표되는 법륜의 두 번째 회전은 서기 2세기 무렵 나가르주나Nāgārjuna에 의해 확립되었다. 세 번째이자 현재까지는 마지막인 대회전은 유가행파Yogācāra에 의한 것으로, 이들은 2세기경에 기원했지만 가장 융성했던 생산적 시기는 무착無着과 세친世親 형제가 활동하던 4세기였다. 앞에서 말했듯이, 몇몇 불교 종파에서는 탄트라와 금강승金剛乘(와즈라야나Vajrayana) 분파를 "네 번째 회전"이라고 생각하는데, 이 파들은 8세기경부터 시작하여, 특히 날란다 대학에서 형태가 갖춰지고 정교하게 다듬어진 종파였다.

중관파는 초기불교의 근본 개념들이 부분적이고 제한적이며 불완전하다고 비판하면서도, 그 교리들의 상당 부분을 포함하면서 초월하였다. 유가행파, 특히 8세기에 '유가행자립논증중관학파瑜伽行自立論證中觀學派·Yogachara-Svatantrika-Madhyamika'라고 불렸던 종파에서는 세 번의 회전 모두를 통합하고 결집하려 시도했다. 금강승 불교도 마찬가지로 세 번에 걸친 회전의 많은 가르침을 담고 있으면서도 그 위에 자신들만의 매우 심오한 가르침을 더하였는데, 이는 간단히 말해 기존에 강조해왔던 '지혜wisdom'와 '자비compassion'뿐만 아니라 '명지明知·luminosity'와 수많은 '선교방편skillful means'을 강조했다는 것이다.

달리 말하면, 많은 불교도가 불교 자체에 새로운 회전이 일어날 때마다 불교 가르침 전반에 새롭고 중요한 것들이 덧붙여지면서 전개되어왔다는 견해를 갖고 있었다는 것이다. 이제 내가 말하고자 하는 핵심을 다음과 같이 간단하게 기술할 수 있을 것 같다. 즉 현재 많은 불교 스승들은, 세계 자체가 적어도 몇 가지 중요한 방식에서 대규모로 변화를 겪고 있다는 심리학자와 사회학자들의 의견에 동의하면서, 이런 변화가 불교에도 영향을 미칠 것이고, 그럼으로써 더 새롭고 중요한 진실을 추가하면서 불교에서의 제4의 대회전이라는 또 다른 전개를 불러올 것이라고 믿고 있다는 것이다.

이 제4회전은 이전 불교의 모든 위대한 진실을 담고 있을 뿐 아니라, 그 위에 진화생물학과 발달심리학 같은 다양한 분야에서의 새로운 발견들을 추가하기도 할 텐데, 이 모든 새로운 것들은 영성 분야에 직접적이고 밀접하게 연관된다(즉 이 새로운 발견들은 단지 이론이나 추측에 근거한 방침들이 아니라는 것이다). '진화적 불교' '통합 불교' 등 여러 이름으로 알려져 있는 이 새로운 회전은, 이전의 모든 회전과 마찬가지로 앞의 진실을 포함하면서 초월하는 방식으로, 핵심적인 진실은 모두 그대로 유지하면서 새로운 요소를 추가할 것이다.

놀라운 점은, 이러한 변화가 불교 스스로 파악했던 일반적인 이해와 완전히 보조를 맞추고 있다는 것, 즉 불교의 진실(불법Buddhadharma)이 새로운 상황과 새로운 발견들에 반응하면서 성장하고 진화해왔다는 것을 불교 스스로가 파악하고 있었다는 점이다. 예컨대, 달라이 라마도 "불교는 현대 과학과 보조를 맞춰야만 한다. 그렇지 않으면 낡고 진부한 상태로 머물게 될 것이다"라고 말한 바 있다.

우선 불교의 역사를 간단히 살펴보도록 하자. 초기불교는 다음과 같은 몇몇 개념들을 기본으로 한다.

- 고통의 원천인 윤회samsara와 깨달음의 원천인 열반nirvana의 차이점
- 윤회하는 존재의 세 가지 특징[삼법인三法印]

(1) 고苦 · dukkha

(2) 무상無常 · anica

(3) 무아無我 · anatta

• 사성제四聖諦

(1) 윤회 속에서 사는 삶은 고통이다.

(2) 이 고통의 원인은 갈망 또는 집착이다.

(3) 갈망 또는 집착을 끝내는 것이 고통을 끝내는 것이다.

(4) 집착을 끝내는 방법, 즉 여덟 가지 바른길[팔정도八正道]이
있다.

①바르게 보기[정견正見]

②바르게 생각하기[정사유正思惟]

③바르게 말하기[정어正語]

④바르게 행동하기[정업正業]

⑤바르게 생활하기[정명正命]

⑥바르게 정진하기[정정진正精進]

⑦바르게 깨어 있기[정념正念]

⑧바르게 집중하기[정정正定]

초기불교의 궁극적인 목표는 8정도를 지켜 열반을 얻음으로써 생·
노·병·사의 현상계로부터, 즉 윤회로부터 완전히 벗어나는 것이었
다. '열반nirvana'이란 기본적으로 모든 형상의 소멸을 의미한다. 접
두사 'nir'는 '없음'을 뜻하며, 'vana'는 형상에 대한 욕망과 집착,

열망, 갈망 같은 다양한 의미가 있다. 전반적인 의미는 '불어서 끄다' 또는 '꺼지다'이다. 어떤 종파에는 완전한 중단을 뜻하는 '적멸 nirodh' 같은 극단적인 열반도 있다. 거기에는 어떠한 의식도 대상도 전혀 생기지 않는다. 그저 무한한 '무형상'으로 생각될 수 있을 뿐이다. 극단적인 열반이든 아니든 목표는 명백하다. 윤회에서 벗어나 열반에 드는 것, 그것이 궁극의 목표였다.

그러한 것이 거의 800년 동안 실천되었던 불교의 기본적인 형태로, 윤회와 열반 사이의 이상한 이원성에 주의를 기울이기 시작한 나가르주나가 등장하기 전까지의 모습이었다. 나가르주나에게, 윤회와 열반은 존재론적으로 어떠한 차이도 없었다. 그 차이는 단지 인식론적인 것일 뿐이었다. '현실'은 개념과 범주를 통해서 바라보면 윤회로 나타나지만, 그 똑같은 '현실'을 개념과 범주를 떠나서 바라보게 되면 그것이 바로 열반이라는 것이다. 윤회와 열반은 둘이 아니라 [불이不二]는 것, 즉 동일한 것의 두 가지 다른 측면이라는 것이다. 이러한 주장은 불교의 사상과 수행에 커다란 혁명을 불러일으켰다.

나가르주나는 상대적(관습적) 진실과 절대적(궁극적) 진실이 있다는 '진속이제眞俗二諦'의 교의에 입각해 있다. 상대적 진실[속제俗諦]은 범주화시킬 수 있는 것으로서, 과학·역사·법률 등과 같은 분야의 기초가 된다. 예컨대, 물은 두 개의 수소 원자와 한 개의 산소 원자로 이루어져 있다는 것이 상대적 진실이다. 그러나 궁극적 진실[진제眞諦]은 전혀 범주화시킬 수 없다. '네 가지 불가설Four Inexpressibles'에 기초해서 보면, 궁극적 실재는 존재한다거나, 존재하지 않는다거나, 둘 다라거나, 둘 다 아니라거나 어떻게도 말할 수 없다. 근본적 실재는 '참 자기atman'라거나, '무아anatman'라거나, '둘 다'라거나, '둘 다 아니다'라고 말할 수 없다. 이러한 논리는 어떤 범주에서도 마찬가지인데, 그 이유는 모든 개념은 대립에 의해서만 의미를 갖기 때문이다(해방 대 속박, 무한 대 유한, 있음 대 없음, 외재 대 내재, 쾌락 대 고통, 자유 대 제약, 시간 대 무시간, 선 대 악 등). 하지만 궁극적 실재는 아무런 대립도 없으며, 따라서 전혀 범주화시킬 수 없다(이 말 자체도 포함된다).

나가르주나는 이렇게 말한다.

"그것은 공이 아니고, 공이 아닌 것도 아니며, 둘 다도 아니고, 둘 다 아닌 것도 아니지만, 다만 이름하여 공이라 부른다."

공空은 철저히 '아니다neti, 아니다neti, 이것도 아니고, 저것도 아니다'이다. 이때 '아니다, 아니다' 자체도 절대적 진리는 아닌 것으로, 역시 부정된다. 이것이 의미하는 바는, 궁극적 실재인 '공'은 형성된 어떤 것과도 분리되어 있지 않다는 의미이다. 발생하는 모든 것이 공이다. 범주화와 개념화로부터 자유로운 상태에서 볼 경우, 형성된 모든 것은 공이라는 것이다. 즉 공은 드러난 현상계와 드러나지 않은 본체계(여여如如, 즉 이름이나 판단 또는 범주로써 본 것이 아닌, 있는 그대로 직접 본, 모든 것의 그 자체)에 있는 모든 것의 실재이다.

개념과 범주를 통해서 보면, 우주는 윤회의 세계, 철저히 분리되고 고립된 사물과 사건으로 이루어진 세계이다. 그리고 그러한 것들에 대한 갈망과 집착이 고통을 야기한다. 그러나 근본 지혜(반야prajñā, 비개념적 인식)로 보면, 윤회의 세계가 실제로는 그 자체로서 해방된 열반이다. ('prajñā'라는 단어에서 'jñā'는 영어에서 'knowledge'의 'kno' 또는 'gnosis'의 'gno'에 해당한다. 그리고 'pra'는 'pro'에 해당한다. 따라서 'prajñā'는 통찰적·비이원적·무제약적 지식이나 인식으로, 깨달음이나 각성을 일으키는 지혜이다. 무엇에 대한 깨달음인가? '순수한 공의 근본적인 자유' 또는 '무한한 해방'이 그것이다. 그러나 이런 단어들도 고작해야 비유에 지나지 않는다.)

윤회와 열반 사이에 근본적인 분리는 없으므로(윤회와 열반의 '불이'), 형상[色]의 세계 모든 곳에서 해탈의 공을 발견할 수 있다(《반야심경》에서는 비이원성을 "공은 색과 다르지 않으며[공불이색空不異色], 색은 공과 다르지 않다[색불이공色不異空]"라고 요약한다). 그렇기에 어느 누구도 해탈을 위해 더 이상 수도원에 칩거할 필요가 없게 된다. 세상을 등지고, 형상을 외면하고, 윤회로부터 떠날 필요가 없어진다. 윤회와 열반이 단일한 비이원적 실재로 결합되고 통일된 것이다. 목표는 고립된 성자나 아라한arahat이 아니라, 사회와 환경에 깊이 관여하는 보살Bodhisattva이다. 보살이란 문자 그대로 '깨달은 마음의 존재'를 의미한다. 보살의 서원은 윤회에서 벗어나 고립된 열반으로 떠나가겠다는 것이 아니라, 윤회를 기꺼이 받아들이겠다는 약속이며, 일체중생이 자신의 가장 깊은 영적 본성, 즉 불성을 인식하고 깨달을 수 있도록 돕기 위해, 최대한 빨리 깨달음을 얻겠다는 다짐이다.

일거에 이른바 우주의 두 반쪽(윤회와 열반, 색과 공 등)이 하나이자 전체인, 무봉無縫(무특징이 아니라)의 실재로 결합되었다. 그리고 불교

수행자들은 윤회라는 현상의 세계로부터 도피하는 것이 아니라, 그것을 기꺼이 받아들일 만큼 자유로워졌다. 보살의 서원도 마찬가지로, 그저 반쪽이 아니라 대립의 쌍 모두를 반영하는 역설적인 것이 되었다. 이제 "구원해야 할 타자는 없다"라는 아라한의 구호가 아니라, "구원해야 할 타자는 없다. 따라서 나는 그들 모두를 구원하기를 서원한다"라고 하는 보살의 서원이 중심이 되었다. 이는 윤회와 열반이 더 이상 둘로 나눠지지 않고 결합되어 있다는 진실을 반영한다.

중관파의 공이라는 관념은 그 이후 거의 모든 대승 및 금강승 불교 종파의 기본이 되었다. 말하자면, 공은 무르띠T.R.V.Murti의 책 제목처럼 '불교의 중심 철학The Central Philosophy of Buddhism'이 되었던 것이다(비록 '철학'이라는 단어가 사유를 완전히 초월하는 것을 목표로 하는 어떤 체계를 의미하는 말로는 적절치 않지만).

불교의 진화는 여기서 그치지 않았다. 특히 4세기경, 다음과 같은 물음은 긴급을 요하는 절박한 것이었다. '절대'가 이원적 용어나 개념을 통해 문자로 표현될 수 없다면, 우린 그것에 대해 전혀 말할 수 없는 것일까? 적어도 일상적인 사실의 영역에서 실재에 대한, 혹은 실재를 인식할 수 있는 방법에 대한 어떤 체계나 지도地圖, 모델, 아니면 적어도 이에 대한 비유적 표현이라도 있지 않을까?

이미 《능가경楞伽經·Laṅkāvatāra Sūtra》*과 같은 훌륭한 경전에서는 그

---

* A.D. 400년경 쓰인 경전으로, 불교의 유식론(인식의 이치)을 연구하고 이해하며 실천하는 데 필요불가결한 경전이다.《능가경》에서는 이 현상계 전체가 우리 자신의 순수의식의 그림

대답이 완벽하게 "그렇다!"였다. 《능가경》은 붓다의 가르침의 핵심을 담고 있는 경전으로, 선종禪宗의 초대 조사祖師 다섯 분 모두가 자신들의 후계자에게 물려줄 만큼 중요한 경전이었다. 사실, 초기 선종은 종종 '능가종'이라고 일컬어졌으며, 그 초기 역사를 기술한 책에도 《능가사자기楞伽師資記》라는 제목을 붙였다. (6조 혜능 이후로 철저하게 순수한 공만을 다룬 《금강경》이 《능가경》을 대신하게 되었고, 이로 인해 선禪은 많은 점에서 《능가경》 시스템의 철학적이고 심리학적인 세련미와 정교함을 잃고, 거의 배타적으로 비개념적 깨달음에만 초점을 맞추게 되었다. 선사들은 종종 경전을 찢어버렸다고 묘사되어 있는데, 이것은 '진속이제眞俗二諦' 교의를 거부하는 것이나 다름없었다. 이것은 내 생각으론 불행한 일이었는데, 그렇게 함으로써 선은 전통적인 지도와 모델을 자세히 설명하기를 거부한 것이고, 그로 인해 불완전한 시스템이 되고 말았기 때문이다. 선은 궁극적 진실을 정교화하고 실천하는 데서는 눈부시게 성공했지만, 상대적 진실에서는 약화되고 말았다.)

유가행파는 무착과 세친이라는 뛰어난 형제에 의해서 4세기에 결실을 맺게 되었다. 무착은 매우 창의적이고 독창적인 사상가였고, 세친은 체계화시키는 데 천부적인 소질이 있었다. 이 둘은 함께 불교의 유가행파('요가 수행'을 의미) 또는 유식Vijnaptimatrata

---

자 현상이라는 것을 알지 못한 데서 무지無知가 비롯되었다고 보고, 이 순수의식을 철저히 구명하게 되면 현상과 본질이 이분되기 이전의 무분별계로 들어갈 수 있음을 핵심 교의로 삼는다. 중국 선종의 시조 보리 달마가 제2조 혜가에게 전해 준 경전으로 알려져 있다.

(consciousness only)파의 거의 모든 교리를 창안해내거나 다듬었다. 이로써 불교는 법륜의 제3의 대회전을 이루어냈다.

모든 유가행파는 공空과 의식에 대해 공통적인 생각을 가지고 있었다. 즉 공과 색이 둘이 아니라는 것을 감안할 때, '공' 자체는 평범한 사람이 이미 알고 있는 '색'의 일상적 측면과 관련되어 있는 것이고, 또한 이 공은 그 자체가 순수한 의식, 제약 없는 각성이라는 것이다. 모든 유가행파에서는 **'공'과 '순수의식**unconstructed consciousness**'**을 궁극적으로는 같은 것으로 보며, 상대적으로는 수행자를 위한 유용한 방향 제시 또는 비유적인 지침이라고 여긴다. 예컨대, 유가행파에 관한 위키백과의 글에서는 공과 의식Mind(대문자 'M') 사이의 결합에 대한 궁극적 관점과 상대적 관점 모두를 지적한다.

이런 관점에서 중관파의 입장은 궁극적으로 진실인 반면, 유식 관점은 관습과 관련시키는 유용한 방법이자 수행자들로 하여금 궁극적인 것을 향해 더 능숙하게 전진하도록 하는 데 유용한 방법이다. [⋯] 궁극적 연결에 대한 관점을 살펴보면, 중관파는 궁극적으로 진정한 것의 존재나 비존재를 주장하는 것은 부적절하다는 입장이었던 것에 비해, 유가행파 주장자들은 마음(또는 더 세련된 표현으로 '근본 지혜'), 오직 마음만이 궁극적으로 진정한 것이라고 주장했다. 닝마파Nyingmapa(금강승 티베트 불교의 종파)도 족첸Dzogchen(닝마파의 관찰수행법) 수행이 최종 목표로 삼고 있는 궁극적 현상을 기술하기 위하여 유가행파 용어를 채택했다. [⋯]

두 종파에서의 궁극적 관점은 같다는 것(공이나 진여, 또는 순수한, 제약 없는, 비이원적 공 인식), 그리고 각각의 길은 똑같은 불변의 궁극적 상태로 향한다는 것이 포인트다.

내가 좋아하는 티베트 불교 경전의 한 구절에서는 이 모든 것을 다음과 같이 요약하고 있다. "일체가 마음Mind이다. 마음은 공이다. 공은 자유롭게 현현한다. 자유롭게 현현하는 것이 자기 해방이다."

유가행파에서는 '근본적 순수의식unconstructed fundamental Conscious ness'이라는 관념을 의식의 여덟(또는 아홉) 수준이라는 관념으로 확장시켰는데, 여기서 의식의 각 수준은 근본 의식의 변형이다. 첫 번째 변형은 '장식藏識'(제8식, 알라야식alaya-vijnana)으로 나타난다. 이것은 일종의 저장소로, 인간의 과보果報적 경험, 즉 미래의 업으로 자라나는 모든 종자를 담고 있다. 두 번째 변형은 《능가경》에서 말하는 '말나식'(제7식, manas)이다. 이것은 아집我執과 아견我見을 일으키고, 장식(알라야식)을 영원한 자아 혹은 영혼으로 오인하므로, 이로 인해 장식이 오염된다는 것이다. 세 번째 변형인 '의식意識'(제6식, mano-vijnana)은 '대상'이라는 개념을 만들어낸다. 표준적인 불교 심리학에서는 6개의 감각(오감에 의식을 더한 것. 불교 심리학에서는 의식을 또 다른 감각으로 취급한다)과 그것의 개념적 대상들*을 비롯해서 8식, 즉

---

* 전5식과 제6식mano-vijnana을 합한 '육식'의 개념적 대상들은 육경六境(ṣaḍ-viṣaya, six sense data)이라 부른다.

여덟 개 의식 수준을 다룬다(만일 있는 그대로의 근원적인 순수의식, 즉 근원적인 비이원적 지혜심도 넣는다면 9개가 된다).

중요한 점은, 환상과 고통을 야기하는 것은 현상(윤회의 요소들인 드러난 사태들) 자체가 아니라, 현상을 주체와 독립적으로 존재하는 객체로 여기는 주객이원론 때문이라는 유가행파 관점을 이해하는 것이다. 대상과 인식주체를 하나로 보지 않고, 대상을 '저 밖에' 고립되어 독립해서 존재하는 것으로, 즉 실재의 전체성을 두 영역으로 갈라놓고 주체 대 객체로 분리해서 보기 때문에 환상과 고통이 생겨난다는 것이다. 제7식의 이분법적 아집과 오염된 알라야식의 산물인 이러한 인식은, 여여如如 또는 실상實相으로서의 실재를 부서지고 조각난 이원론적 허상의 세계로 바꿔놓는데, 이에 대한 집착이 속박과 고통을 야기한다는 것이다.

이에 대해 불교학자 박성배는 이렇게 이야기한다. "그러나 이러한 속박 또한 허상일 뿐이다. 알라야식이 자신의 본래 순수한 상태로 되돌아오게 되면, 마음은 무집착, 부차별, 불이의 본래 상태로 인식된다."(《불교 신앙과 돈오Buddhist Faith and Sudden Enlightenment》, Albany, NY：SUNY press, 1983.)

달리 말하면, 항존하는 공의 상태를 인식함으로써 그렇게 된다는 것이다. 대부분의 유가행 수행자는 중관파가 말하는 공의 최종 상태가 유가행파의 것과 동일하다고 주장하지만, 유가행파는 '유식唯識'이라는 개념이나 '불이不二'에 대한 관점에서 확실히 더 긍정적이었다. 중관파에게 '불이'는 적어도 마음의 개념에 관한 한 그야말로 철저한 '공백'이다(비록 그 공백이 실제로는 이름이나 개념, 범주나 편견 없이 진여 안에서 실재를 '있는 그대로 보는 것'이기는 하지만). 이에 비해 유가행파는 공과 불이를 "인식 주관과 대상은 둘이 아님"이라는 식으로, 보다 적극적으로 해석하였다. 다시 말하지만, 환상이나 고통을 야기하는 것은 '현상' 자체가 아니라, 현상을 객체로, 지각자 또는 주체와 떨어져 있는 대상으로, 저 밖에 독립해 있는 실체로 보기 때문이라는 것이다. 일단 그런 것들이 우리와 분리되어 있으면, 우리는 그것들을 욕망하거나 두려워하게 되고, 결국엔 고통, 소외, 속박을 야기하게 된다는 것이다.

한편 공에 대한 좀 더 긍정적인 이러한 관점은, 공을 의식과 결합시킨 것은 물론이고(《능가경》을 따르는 선禪에서는 그것을 "평상심이 곧 도"라고 말한다), 중관파의 혁명적인 불이보다 훨씬 더 강력한 방식으로 공과 색을 통합하였으며, 이것이 탄트라(금강승) 불교의 출현에 직접적인 계기가 되었다.

탄트라는 일차적으로 8세기에서 11세기에 걸쳐 인도 날란다 대학에서 발생하였다. 초기불교와 대부분의 다른 종교에서 죄, 독, 더러운 것으로 여겨졌던 것들이 탄트라에서는 그야말로 '공과 색의 합일'이라는 의미에서 위대한 초월적 지혜의 종자로 여겨졌다. 예컨대, '분노'라는 독毒은 다른 많은 종교 전통에서는 부정하거나 억압하지만, 탄트라에서는 '비이원적인 깨어 있음nondual Awareness'의 상태에서 분노에 직면하면 거기서 청정무구한 지혜가 드러나게 된다고 한다. 또한 격정passion은, '비이원적인 깨어 있음'의 상태에서 마주하면 보편적인 자비compassion로 바뀌게 된다고 한다. 다른 것들도 그런 식이다.

제1회전이 경멸스러운 윤회의 부정적인 상태를 부인하는 포기와 체념renunciation의 길이었다면, 제2회전은 지혜를 통해 부정적인 상태를 긍정적인 초월 상태로 전환하는 **변형**變形·transformation의 길이었고, 제3회전과 그와 관련된 탄트라는 포기나 변형의 길이 아니라, '색' 속에 이미 '공'이라는 근원적 지혜가 현존하고 있음을 곧바로 깨닫기 위하여, '색'이라는 부정적 상태로 직입하는 **변성**變性·transmutation의 길이었다. 여기서는 "길 위로 모든 것을 가져오라"라는 것이 좌우명이다. 음식이든 술이든 섹스든 돈이든 그 어떤 것도 금기가 아니다. 모든 것을 영靈 자신의 모습, 즉 궁극적 신성 또는 법신의 직접적인 현현으로 보고, 그것을 친구로 삼고 사랑스럽게 받아들인다(물론 건전한 한계 안에서). 신성한 것과 세속적인 것, 무한과 유한, 열반과 윤회, 공과 색 등 모든 이원적 개념은 분리되고 갈라진 두 개의 다른 영역이 아니라, 함께 발생하고 상호 의존하는 하나의 실재의 상호보완적인 모습이기 때문에, 이 모든 것들은 똑같이 받아들여지고 소중하게 간직된다.

그것이 많은 사람들이 진정한 "제4회전"이라고 생각했던 관념이었고, 탄트라와 금강승의 기반이기도 했다. 이러한 관점은 티베트(중국에게 잔인하게 영토를 빼앗긴 티베트인 공동체)에는 여전히 널리 퍼져 있으며, 그 성질상 그야말로 급진적인 것이었다. 너무나도 오랫동안 부정되고 억압되고 죄와 환상이라고 비난받고, 결국에는 거부

되었던 형상세계가 영 자체의 현현이나 투영물로 여겨지자, 영은 이제 그 자신의 신성한 비밀을 드러내기 시작한 것 같다.

절대적으로 자유자재한 공은 이제 선명한 빛으로 가득한 형상[色]과 결합하여(여기서 공은 형상과 다르지 않아, 모든 형상으로서의 실제적 공이다), 스스로 존재하고 스스로 자각하고 스스로 해방하는 무한한 전체, 존재하는 모든 것들의 근원적 실재를 보여준다. 이때 일상에서의 형상의 비밀들은 무한한 선교방편upaya을 제공해주고, 그로 인해 스스로 해탈한 영(자성신自性身·Svabhavikakaya, 금강신金剛身·Vajrakaya)임을 단박 깨닫게 된다.

모든 개별 현상을 영과 별개로 보고 경험할 경우, 개별 현상 모두가 고통과 고뇌dukkaha의 근원이었지만, 그 똑같은 현상을 영의 현현으로 볼 경우에는 잠재적인 지혜, 자비, 선교방편의 원천이었다. 이런 것들 모두가 매우 풍부한 주제들을 정성껏 축약해서 요점을 전해주는 부처님의 가르침으로 여겨진다.

자, 그렇다면 앞으로 일어날 가능성이 있는 법륜의 제4회전은 과연 어떤 것일까? 금강승과 탄트라 이후 그 길 위에 **모든 것**을 가져다 놓았는데, 아직도 불교에다 더 가져다 놓을 무언가가 남아 있단 말인가? 이 말은 진실일까, 아니면 다소 과장되고 건방진 허튼소리에 지나지 않는 것일까?

함께 보기로 하자.

몇 가지 가능성

지금 우리는 비록 그 숫자는 적지만 무시할 수 없는 비율의 사람들이 엄청난 변형transformation을 경험하고 있음을 보여주는 다수의 연구를 알고 있다. 여러 면에서 그 변형은 세계적인 변형이다. '세계적'이라고 말하는 것은 그것이 전 세계 사람들에게 영향을 미치기 때문이기도 하지만, 개인의 의식 자체가 세계적인 차원으로 발달하고 있기 때문이다. 즉 자신의 정체성identity이나 동기motivation, 욕구desire, 관점viewpoint, 그리고 시각perspective과 능력capacity 면에서 자기 중심적이거나 민족 중심적이지 않고, 세계 중심적이며 우주 중심적이기 때문이다.

이와 같은 의식은 인류 역사상 전에는 결코 존재해본 적이 없었다. 그 의식이 미칠 영향은 엄청날 것이다. 이런 의식이 어떤 것인지 간략히 살펴보겠다.

이런 의식의 발달과 진화에 대한 선구적인 연구자 중 한 사람이 클

레어 그레이브스Clare Graves였다. 그는 인간의 의식이 대략 8개의 주요 **단계**stage 또는 **수준**level을 통해 이행해가고 발달해간다는 것을 밝혀냈다. 그는 이중 처음 여섯 단계를 묶어 '1층1st tier'이라고 불렀는데, 이는 매슬로Abraham Harold Maslow(1908~1970)가 결핍과 결여에 근거한 동기를 "결핍 욕구deficiency needs"라고 불렀던 것과 유사한 것이다. 이 수준들은 또한 선구적인 발달학자 진 겝서Jean Gebser가 '**태고적**太古的 · archaic(본능적)' '**마법적**魔法的 · magic(이기적)' '**신화적**神話的 · mythic(전통적)' '**합리적**合理的 · rational(근대적)' 및 '**다원적**多元的 · pluralistic(탈근대적)'이라고 불렀던 것과도 매우 유사하다.

그레이브스가 1층 수준에서 밝혀낸 것은, 이 수준에 있는 사람들은 자신의 가치와 진실만이 세상에서 유일하게 진정한 가치이고 진실이라 생각하고, 그 밖의 다른 모든 것은 유치하고 괴이하고 잘못된 것, 한마디로 틀린 것이라고 생각한다는 것이다. 1층 수준에 있게 되면(오늘날에도 세계 인구의 95퍼센트가 이 수준에 해당한다), 인류는 불일치, 갈등, 테러 및 전쟁의 운명에서 벗어날 수 없을 것이다.

그러나 그레이브스는 그다음의 기본 발달 수준에 대해서 놀라운 사실을 발견했다. 그레이브스는 그 수준을 '**시스템적**systemic'이라고 불렀고, 다른 학자들은 그것을 '**전체적**holistic' 또는 '**통합적**integral'이라고 불렀다. 그 수준에서 그레이브스가 '의미에서의 엄청난 도약'이라고 불렀던 일이 일어난다. 그가 '**2층**2nd tier'이라고 부른 이 통합 수준에서는, 이전의 모든 수준으로부터 그 나름의 가치와 부분적인 진실을 찾아내서 자신의 전반적인 세계관에 그것들을 포함시킨다는 것이 포인트이다.

이 단계에서, 의식은 모든 문화·종교·과학에서의 통찰과 진실을 포함하면서, 또한 태고·마법·신화·합리·다원 등 이전의 모든 수준 나름의 커다란 중요성과 가치를 알아보면서 확실히 세계적인 수준이 된다. 이 '통합적 수준integral level'(몇몇 연구자는 이 수준에서 두세 개의 하위수준을 찾아내기도 했다)은 그야말로 인류의 전 진화 과정에서 근본적으로 새로운 것이다(이 수준의 출현은 불과 겨우 몇십 년밖에 되지 않았다).

플로티누스Plotinus, 샹카라Shankara, 일부 유가행파 사상가와 같은 몇몇 뛰어난 선구적 천재들이 이러한 통합적 사고를 보여주긴 했지만, 인류 역사상 이 수준에 도달한 사람들은 전체 인구의 0.1퍼센트를 넘어본 적이 없었다. 그러나 지난 수십 년 사이에, 인류가 힘써 온 거의 모든 분야에서 지도적인 지위에 있는 여러 지도자들은 이 **'2층'**의 가치, 즉 매슬로가 포괄·충만·포용에 기초한 "존재 가치 Being values"라고 불렀던 통합적 가치integral values를 개발해왔다.

현재는 세계 인구의 대략 5퍼센트 정도가 이 통합 수준에 도달해 있지만, 10년 이내에 이 수치가 10퍼센트까지 확대될 것으로 보는 학자들도 있다. 이 통합 수준이 모든 것을 변화시킬 것이라는 데는 의심의 여지가 없어 보인다.

이 통합적 수준은 전 세계의 모든 사람이 그것을 거쳐 성장해 나아가도록 운명 지어져 있는 보편적인 성장 수준level 중 하나이다. 이 수준은 그저 받아들여도 되고 무시해도 그만인 '이론'에 불과한 것이 아니라, 오히려 안전·소속감·자기존중과 같이 본래적이고 보편적으로 존재하는 인간 발달의 단계라는 것이다. 바꿔 말하면, 인류는 깊숙이 자리 잡고 있는 갈등을 넘어선 세계, 즉 상호 관용·포용·평화·자비로 일컬어지는 세계를 향해 나아가고 있다는 것이다.

몇 개의 보편적인 단계를 거쳐 도토리가 한 그루의 상수리나무가 되고 달걀이 병아리가 되는 것처럼, 인간도 일련의 보편적인 단계를 거쳐 성숙한 존재가 된다. 이 성숙은 깊이 자리 잡고 있는 갈등과 공격성을 벗어나, 배려와 사랑, 친절(이 역시 우리 안에 깊이 자리 잡고 있다)로 진전된 성숙이다.

다른 모든 학문과 마찬가지로, 모든 종교 역시 이 근본적인 **변형**으로 인해 영향을 받게 될 것이다. G. K. 체스터튼Chesterton은 "모든 종교는 똑같다. 특히 불교는"이라고 빈정댄 바 있다. 그러나 불교는 앞에서 이미 보았듯이, 초기불교부터 유가행파와 탄트라에 이르기까지 전 과정에서 진화적인 사고, 통합적 경향성을 띤 사고를 특징으로 하는 몇 안 되는 종교였다. 특히 유가행파는 세 번의 회전 전부를 종합한 바 있다. 이제 불교는 다음에 내딛게 될 단계, 즉 세계적인 통합적 변형Integral transformation을 받아들일 준비가 되어 있으며, 법륜의 제4회전을 통하여 진화적 도약을 이룰 준비가 되어 있다.

제4회전은 어떤 종류의 진실들을 포함하게 될까? 이것이 뒤에 이어지는 몇 개의 장에서 논하게 될 주제이다. 하지만 서론에서 보았듯이, 불교에서 실재는 불이적不二的이라는 점, 즉 윤회와 열반, 유한과 무한, 주체와 객체, 색과 공이 둘이 아니라는 점을 다시 상기해주기 바란다. 공, 즉 '어떠한 속성도 없음'(공 그 자체를 포함해서)은 붓다가 살던 시대 이래로(실은 빅뱅 이전부터) 아무런 변화도 없었다. 공은 무한한 자유와 해방을 의미하였다. 즉 주체와 객체 사이의 대립이라는 구속과 서로가 서로에게 가하는 고통과 괴로움으로부터의 해방을 자각하는 것이다.

공의 경험이 자유Freedom의 경험이라면, 색色의 경험은 충만Fullness의 경험이다. 공은 태초부터 지금까지 전혀 변하지 않았던 반면, 색은 진화의 매 단계마다 우주에 더 많은 복잡성을 추가하면서 지속적으로 변화해왔다. 단순한 쿼크에서 원자, 분자, 세포, 다세포의 유기체에 이르기까지. 유기체들은 다시 단일 세포에서 시작하여 광합성 식물로, 지각 신경망을 갖춘 동물로, 그런 다음 파충류의 뇌간, 그리고 변연계로, 그리고 우주 전체의 모든 별보다 많은 연접 결합을 갖고 있는 3중 뇌triune brain*에 이르기까지, 더 복잡한 형태로 진화해왔다.

똑같은 복잡화가 내면에서도 일어났다. 인간은, 예를 들어 (겝서의 간단한 용어로 돌아가면) 단순한 태고수준에서 시작해서 1인칭 마법, 2인칭 신화, 3인칭 합리, 4인칭 다원, 5인칭 고차 통합 수준에 이르기까지 진화했다(1인칭, 2인칭, 3인칭, 4인칭, 5인칭이란 개인이 동

---

* 3중 뇌는 인간의 뇌 구조를 설명하기 위해 폴 맥린Paul McLean이 진화론적 관점에서 제시한 모델이다. 이에 따르면 인간의 뇌는 진화 과정에서 완전히 새로운 뇌로 진화한 것이 아니라, 이미 진화해 있던 파충류의 뇌간 위에 포유류의 변연계가 덮어쓰고, 그 위에 영장류의 대뇌피질이 덮어쓰는 식으로 진화해왔다고 주장한다.

시에 마음에 유지할 수 있는 **시각**perspectives의 수를 나타낸다. 큰 숫자일수록 작동시키고 유지할 수 있는 의식이 더 넓고 깊어진다).

달리 말하면, 형상Form의 우주는 점점 더 충만해지고 완전해진다는 것이다. 그렇다고 해서 오늘날의 세계에서 깨달음에 이르는 것이, 즉 공과 색의 합일을 경험하는 것이 초창기 (동양과 서양의) 위대한 현자들보다 더 자유롭게 되는 것은 아니다. 공은 늘 동일하기 때문이다. 그러나 오늘날의 세계에서 깨달음에 이르기 위해서는 더 충만해져야만 한다. 왜냐하면, 형상의 우주는 각각의 시점에서 끊임없이 더 많은 복잡성과 충만을 추가하면서 성장하고 진화해왔기 때문이다.

이렇게 더 커진 복잡성은 더 많은 관습적인 진실이 발견되어왔다는 것을 의미하며, 그런 진실들은 제4회전에서 반드시 고려해야 할 필요가 있다는 것을 의미한다. 예컨대 붓다의 시대에는, 사람들은 (붓다를 포함해서) 지구가 정말로 평평하다고 생각했다. 이들 초창기 현자들이 도파민, 세로토닌, 아세틸콜린과 같은 신경전달물질에 대해서 어떻게 알 수 있었겠는가? 또는 변연계와 그것이 감정에서 하는 역할, 혹은 파충류 뇌간과 본능적 충동에 대해서 어떻게 알 수 있었겠는가? 실제로 클레어 그레이브스, 진 겝서, 에이브 매슬로 등이 발견해낸 내면의 성장과 발달단계에 대해서도 알 수 없었던 것은 마찬가지다(그것을 우리는 태고, 마법, 신화, 합리, 다원, 통합, 초통합으로 요약했다. 똑같은 단계를 매슬로의 욕구단계, 즉 생리적 욕구, 안전 욕구, 소속 욕구, 자기존중, 자기실현, 자기초월 욕구 같은 다른 특질을 사용해서 말할 수도 있다). 이러한 특정 유형의 발달단계는 거의 전적으로 근대의 발견이고, 진화가 근대에 들여온 새로운 복잡성의 일부이다.

우리는 1인칭 또는 직접적인 상태 경험, 즉 동서양의 위대한 관조觀照 전통에서 명료하게 묘사했던 명상 단계에 대해 알고 있다(성 테레사의 7층 저택, 선의 십우도, 붓다고사Buddhagosa가 명료하게 체계화시킨 초기불교의 명상 단계, 닝마파의 아홉 개의 수레 등). 그러나 겝서의 태고, 마법, 신화, 합리, 다원, 통합 단계를 포함해서 피아제Piaget, 볼드윈Baldwin, 콜버그Kohlberg, 그레이브스, 뢰빙거Loevinger, 매슬로 같은 근대 발달학자들이 밝혀낸 단계들은 1인칭 명상 **상태** 단계와는 달리 내성으로는 알 수 없는 다른 유형의 발달단계들이다. 그 단계들은 오랜 기간 많은 집단의 사람을 연구한 후에, 관련된 심적 패턴에 대한 결론을 도출해내야만 발견되는 3인칭 **구조**이기 때문이다.

잘 알려진 예는 도덕성의 성장과 발달단계에 관한 콜버그의 연구일 것이다. 그는 그 연구에서 여섯 단계를 찾아냈고, 그것을 **전인습**前因習(또는 자아 중심), **인습/순응주의**(또는 민족 중심), **탈인습**脫因習(또는 세계 중심)이라는 세 집단으로 묶었다. 이런 발견을 하는 데는 다음과 같은 전형적인 내용의 질문이 사용되었다.

"어떤 남자의 부인이 치명적인 병을 앓고 있다. 동네 약국에는 그 병을 치료할 약이 있다. 그 남자는 약값을 지불할 여유가 없다. 그에게는 그 약을 훔칠 권리가 있는가?"

콜버그는 이 질문에 대한 세 개의 주요 반응을 밝혀냈다. '예' '아니오' 그리고 '예'가 그것이다. 첫 번째 "예"라고 답한 사람에게 "왜 그런가?"라고 묻자, 그는 "내가 권리라고 말하는 것이 권리이기 때문이오. 그 약을 훔치고 싶으면, 난 그걸 훔칠 것이오"라고 답했다. 달리 말하면, 이는 매우 자아 중심적이고 대단히 자기 중심적인 반응이다.

콜버그가 "아니오"라고 말한 사람에게 왜 그런지 묻자, 그 사람은 "남의 물건을 훔치는 것은 법을 위반하는 겁니다. 사회가 나에게 훔칠 수 없다고 말하므로 난 결코 그런 짓을 해서는 안 됩니다. 훔치는 짓은 잘못된 것입니다"라고 답했다. 이것은 옳든 그르든 '내 집단, 내 종족, 내 나라'라는, 매우 민족 중심적이고 대단히 집단 중심적인 반응이다.

마지막으로 "예"라고 답한 사람에게 왜 그런지 묻자, "생명은 27달러보다 소중한 것입니다. 따라서 이럴 경우 답은 당연히 '예'입니다. 물론 나도 생명을 살리기 위해 그 약을 훔쳤을 것입니다"라는 답이 나왔다. 대단히 보편 지향적이고, 매우 원칙론적이며 세계 중심적인 반응이다.

이런 대답들은 이 단계들이 하나의 연속적인 발달 계열을 이루고 있음을 보여주었다. 즉 단계가 변화할 경우 그 변화는 처음 자아 중심적 "예"에서 민족 중심적 "아니오"로 가든, 아니면 민족 중심적 "아니오"에서 세계 중심적 "예"로 가든, 언제나 상위 방향을 취했다. 바꿔 말하면, 여기엔 방향성이 있다는 것이며, 그 방향은 언제나 자아 중심에서 민족 중심, 세계 중심으로 나아간다는 것, 이런 단계들을 건너뛰거나 역전시킬 수 없다는 것이다.

그야말로 수많은 연구 프로젝트가 이런 유형의 발달단계를 찾아내는 연구를 수행했다. 이제 우리는 다중 지능multiple intelligence, 즉 인지 지능뿐만 아니라 정서 지능, 도덕 지능, 개인 내적 지능, 심미적 지능, 개인 간 지능, 수학-논리적 지능 등이 존재한다는 사실을 알고 있다. 이런 지능들(이들을 **발달 라인**developmental lines이라고 부르기도 한다)은 서로 매우 다르긴 하지만, 연구는 이들 모두가 똑같은 기본 **발달 수준**developmental levels을 거쳐 발달한다는 점도 보여준다 (우리는 이 수준들을 태고, 마법, 신화, 합리, 다원, 통합, 초통합이라고 불러왔다). 《통합심리학》이란 책에서, 나는 특정 다중 지능 또는 발달 라인을 다루는 100개 이상의 발달 모델을 포함하고 있는 여러 도표를 제시해놓았다. 다시 말하지만, 그 발달 라인들이 모두 너무나도 유사한 발달 수준을 거친다는 점은 대단히 중요하다.

어떠한 지능의 발달 라인에서도, 유아는 일반적으로 주변 세계와의 융합, 즉 미분리 상태에서 시작한다. 유아는 자신이 어디서 끝나고 환경이 어디서 시작하는지 알지 못한다. (이런 것이 **태고적** 관점 Archaic View이다.)

대략 18개월쯤 되면, 이 시기를 '유아의 심리적 탄생기'라고 부르는데, 유아는 자신의 주변 환경과 구별할 수 있는 분리된 정서적 자기를 발달시킨다. 이 시기의 사고는 여전히 환경과 혼융되어 있어서 매우 환상적이고 미신적이다. 프로이트는 이런 식의 사고를 일차적 사고라고 불렀다. 아버지가 죽기를 바랐는데 실제로 사망했다면, 아버지가 죽은 원인이 나의 생각 때문이라는 식의 사고방식이다. (이런 식의 사고방식이 **마법적** 관점Magic View이다.)

개념이 생기기 시작하면서, 마음이 몸에서 분화되기 시작한다. 이 분화가 너무 지나쳐서 '분리'에 이르게 되면, 다양한 신체적 충동과 감정(섹스, 공격성, 권력 등)에 대한 전형적인 억압이 생겨난다. 사고방식은 "내가 원하는 것을 보면 나는 그걸 갖는다"라는 식으로 충동적이다. 또한 "나는 더 이상 마법을 행할 수 없지만, 그들이라면 할 수 있다"라는 식으로, 신화적으로 과장된 사람들에게 지배당한다. "엄마는 원한다면 이 역겨운 시금치를 사탕으로 바꿀 수 있다. 신이나 여신 또는 다른 어떤 초자연적 천상의 존재는 내가 생각하는 모든 것을 알고 있어서, 나쁜 생각을 하면 나를 벌줄 것이다."

이렇게 신화적 관점이 출현하는데, 이러한 관점은 집단적 사고 능력의 시작이자 집단(나의 가족, 나의 친족, 나의 종족, 나의 종교, 나의 국가)과의 동일시로, 콜버그의 연구에서 "아니오"라는 반응처럼 대단히 인습적이고 순응적인 경향이 있다.

청소년기 무렵이 되면, 사고에 대하여 사고가 작용하기 시작하고, 발달 수준상에서 이성적 단계에 접어들게 된다. 이 단계에서는 인지, 도덕, 대인적 지능 등 모든 다중 지능에서 합리적 사유가 출현하기 시작한다. 자존감이 소속감이나 또래 압력보다 우세한 기본 동기로 작용하기 시작하며, 과학적 사고가 일반적인 방식이 된다. 이것이 **합리적** 관점Rational View이다. 매우 순응주의적인 사고방식으로부터 나의 문화, 내 생각, 내 아이디어, 나의 가치관을 비판하고 판단하는 대단히 반성적이고 비판적인 사고로 변화하는 특징을 보인다.

발달이 계속되어 성인기 초기 무렵이 되면, 사고는 이 합리적 사고 자체에 작용하기 시작하며, 단지 합리적이고 과학적인 것 이상의 다른 많은 관점들을 알아차리기 시작한다. 현실에 대한 해석에서 문화가 차지하는 중요성을 알아차리고 강조하기 시작하며, 일반적으로 **다원적**Pluralistic(또는 탈근대적Post-modern) 관점으로 알려진 다문화적·다중 가치적 단계가 출현한다. 이 관점은 분리, 고립, 단절된 문화와 사상 및 개인들은 보지만, 거기서 공통적이고 보편적인 특질이나 현상은 거의 찾아내지 못한다. 그런 만큼 세계는 조각나고 단절되고 부분적인 것이 되어버린다.

그다음 단계에 이르면, 인식은 산산이 조각난 모든 것을 보면서 그런 다양한 문화, 개인 및 여러 현상들을 연결하는 보편적이고 통합적인 공통 패턴을 찾아낼 수 있게 되어, 더 높고 넓은 인지 양식(2층)에 도달하게 된다. 이것이 산산이 조각난 것으로부터 통일되고 종합된 **통합적**Integral 관점의 출현이다. 클레어 그레이브스는 이러한 출현을 '의미에서의 엄청난 도약'이라고 불렀다. 발달이 **초통합** 단계Super-Integral stages로 계속될 경우, 인식 자체는 다양한 유형의 직접적인 영적 경험과 결합된 초개인적·영적·보편적·**온우주** 중심적인 것이 되기 시작한다(이 부분은 뒤에서 더 상세하게 다룰 것이다).

이런 발달 과정에서의 핵심은, 이 과정이 다양한 의식 **구조**structures로 이루어져 있어서, 일반적으로 단지 내성內省만으로는 알 수 없다는 점이다. 따라서 이런 유형의 단계는 명상 지도meditation maps

에서는 찾아보기 힘들다. 명상 지도는 내성으로 직접 보거나 느낄 수 있는 다양한 의식 **상태**states를 다루고 있기 때문이다. 방석 위에 앉아서 명상을 하고 있다면, "이것은 3단계 도덕적 사고다"라고 말해주는 경험은 결코 할 수 없을 것이다. 그러나 광휘와 다양한 빛에 대한 직접적이고 즉각적인 경험 같은, 마하무드라 명상의 두 번째 단계는 직접 경험할 수 있다.

이런 의식의 상태 단계들은 확실하고 명백하며 직접 경험된 것인데 비해, 다양한 다중 지능의 구조-단계들은 오랜 기간 다수의 집단을 연구해서 얻은 경험들로부터 연역된 것이다. 근대 발달심리학이 밝혀낸 이러한 발달단계들을 전 세계의 위대한 지혜 전통이 남겨준 어떠한 명상 지도에서도 찾아볼 수 없는 것은 이때문이다.

명상 지도에는 이러한 특정 의식 구조와 명상 의식 상태가 모두 포함되어야 할 필요가 있는데, 여기에는 중요한 이유가 있다. 1인칭 명상 **상태**states나 **상태-단계**state-stages는 그 사람이 도달해 있는 3인칭 **구조-단계**structure-stages에 의해 해석된다는 것을 발달학자들이 발견했기 때문이다. 예컨대, 불교는 마법 수준, 신화 수준, 합리 수준, 다원 수준, 통합 수준 등 모든 수준의 구조-단계에서 해석될 수 있고, 실제로도 그렇게 해석되고 있다. 제2부에서 나는 마법, 신화, 합리, 다원 및 통합 수준에 있는 불교 사상가들과 종파들에 대한 구체적인 예를 제시할 것이다.

이러한 사실은 우리가 영적 발달에서 실제로 두 개의 주요 축을 갖고 있다는 것을 의미하는 것으로서, 이는 새로운 '통합적 제4회전'에 대한 이해의 일부에 해당된다. **조야**粗野·gross한 자아 중심적 사고에서 시작해서 **정묘**精妙·subtle한 이해와 통찰을 거쳐 **비이원**nondual적인 위대한 완성에서 종결되는 명상 의식 **상태** 이외에도, 우리에게는 성장하는 의식 **구조**도 있으므로(마법, 신화, 합리, 다원, 통합 같은), 우리는 대체로 자신들이 도달해 있는 주된 발달단계의 **구조**에 의거하여 명상 **상태** 경험을 해석할 것이다.

앞서 보았듯이, 구조-단계들은 주요 다중 지능(인지 지능, 정서 지능, 도덕 지능, 심미적 지능 등 모든 지능은 상태가 아니라 구조로 구성되어 있다)의 패턴에도 밀접하게 관련되어 있다. 구조는 우리가 **성장하는**Growing up 방식이고, 상태는 **깨어나는**Waking up 방식이다. 어떠한 제4회전이 되었든, 그런 두 가지 발달 형태 모두를 고려하고자 할 것이다. 현시점에서 볼 때, 전반적인 성장과 발달에 구조와 상태 모두를 포함하고 있는 성장 기법은 영적인 것이든 그 밖의 다른 것이든 동서양을 막론하고 단 하나도 없다.

(의식 구조와 그 구조의 단계적 발달에 관한 증거는 차고 넘친다. 앞에서 언급했듯이, 내가 쓴《통합심리학》이라는 책에는 100개가 넘는 다양한 발달 연구 시스템을 보여주는 도표들이 들어 있다. 그런데 놀라운 것은 사실상 모든 시스템이 인간 발달이 통과해가는 주요 구조-단계에서 일반적으로 유사하다는 것이다. 나는 바로 위에서 그 점을 요약한 바 있다. 이것은 잘 알려져 있지 않지만 엄청난 발견이며, 이는 인간과 세계에 대한 우리의 관점, 그리고 성장과 발달 능력을 보는 우리의 방식에 매우 큰 영향력을 가진다. 구조가 명상 같은 다양한 상태 경험을 포함해서 세계를 보고 해석하는 심적 도구라는

점을 감안하면, 모든 영적 시스템에서 구조의 중요성은 매우 분명해 보인다. 이 점에 대해선 구조를 더 상세하게 다룰 때 자세히 설명할 것이다.)

마찬가지로 사람의 내면에 있는 억압된 개인적인 그림자shadow 요소에 대한 발견도 대체로 근대의 발견물이다. 명상은 억압하는 장벽을 느슨하게 이완시켜주므로 더 쉽게 그림자에 접근하도록 해줄 수도 있다. 하지만 이런 일은 때로는 상황을 더 나쁘게 할 수도 있다. 대부분의 명상은 우리를 몸과 마음으로부터, 사적인 생각과 감정들로부터 탈동일시하거나 분리하는 작용을 하는데, 특정 사고나 감정을 성급하게 혹은 과도하게 분리하거나 부정하는 데서 정신 질환이 나타날 수 있기 때문이다.

예컨대, 분노를 제거하거나 부정할 경우 흔히 슬픔이나 우울감이 유발된다. 만약 내가 명상을 하면서 마음에 떠오르는 모든 것들로부터 탈동일시한다면, 나는 이 분노를 나와 분리함으로써 오히려 우울증을 악화시키게 될 것이다. 이때 명상 스승이 나에게 해주는 유일한 조언은 "더 열심히 노력하라!"라는 것일 텐데, 그 조언은 실제로는 일을 더 나쁘게 만들 것이다.

유감스럽게도 이런 일은 많은 종교에서 여전히 일어나고 있다. 만일 누군가가 정서적인 문제나 그림자 문제를 갖고 있다면, 그 사람은 그 종교의 가르침대로 열심히 수행하지 않는다고 생각될 뿐이다. 즉 위빠사나를 충분히 수련하지 않거나, 예수를 독실하게 믿지 않거나, 토라Torah와의 올바른 관계를 찾아내지 못한 것으로 여겨진다.

몇 가지 간단하면서 널리 쓰이는 심리치료 기법을 명상 훈련에 추가한다면, 모든 그림자 요소를 다루는 데는 물론 명상 본연의 목적을 더 완전하고 효과적으로 달성하는 데도 도움이 될 것이다. 그러므로 몇 가지 단순한 그림자 과정은 불교의 제4회전에서도 환영받을 수 있을 것이다.

　 다음 장에서는 '3S', 즉 의식 구조structures, 의식 상태states, 그림자shadow라는 주요 요소들을 다루면서, 이러한 요소들이 어떻게 해서 불교의 제4회전이나 통합영성에서 유익한 성분이 될 수 있는지에 관해 논할 것이다.

2부

현재

3

관점과 시점

우리는 앞에서 불교에 있었던 세 번에 걸친 법륜의 회전에 대해서
이야기하였다. 첫 번째 회전은 초기불교, 즉 역사적인 가우따마 붓
다의 근본 가르침이다. 이는 현재 특히 동남아시아에 널리 퍼져 있
으며, 일반적으로 상좌부 불교로 대표된다고 보고 있는데, 최근에
는 특히 마음챙김mindfulness 수련으로 인해 서양에서도 많은 애호가
를 찾아볼 수 있다.

두 번째 회전은 나가르주나와 중관파 불교로 대표되는데, 이들은
궁극적 진리의 본질을 깊이 탐구하여 체계화한 '공空'이라는 개념을
제시하였다. 이 '공' 개념은 이후에 출현한 대승과 금강승을 비롯한
거의 모든 불교 종파의 근본적인 교의敎義가 되었다.

세 번째 대회전은 무착과 세친 형제에 의해 확립된 유가행파에 의
한 것으로, 종종 '유식唯識'(Mind-only 혹은 representation-only)파라고
불리기도 했다. 이 회전은 특히 금강승과 탄트라에 영향을 미쳤다.

이런 세 번에 걸친 전개 과정이 발전을 거듭하면서, 그 모두를 통합하거나 종합하려는 적극적인 노력이 증가했고, 매우 성공적인 시도가 잇따라 일어나기도 했다. 불교는 언제나 종합하려는 강력한 경향이 있었다. 오늘날에는 새로 불교에 통합되어야 할 필요가 있는 진실들이 매우 많이 출현했고, 그로 인해 이제 또 다른 전개, 즉 법륜의 제4회전에 직면해 있다고 생각하는 불교도들의 수가 점차 증가하고 있다. 또한 이 새로운 종합에 포함되어야 할 중요한 요소들에 대한 다양한 생각이 뒤따르고 있는데, 이는 제4장에서도 계속 이어질 주제이다.

1. 상태와 구조

의식의 **상태**state는 인류가 이미 수천 년 전부터 일반적으로 알고 있던 것이다. 그 상태들은 직접적이고 즉각적인 1인칭 경험으로서, 내성, 명상, 비전 탐구vision quest˙ 및 그 밖의 직접적인 경험 양식의 길을 열어놓았다. 반면, 의식의 **구조**structure는 암묵적이고 잠재적인 3인칭의 심적 패턴으로서, 마음은 이 구조를 통해 대상 세계는 물

˙　자신을 이끌어주거나 보호해주는 수호신을 만나기 위한 탐구 과정을 말한다. 조언을 해주거나 보호해주는 수호신/영은 보통 의인화된 동물과의 상호작용 같은 초자연적인 경험을 수반한다. 이런 비전 탐구는 영계와 교류하는 의식을 집전하던 샤먼과 치료를 행하던 주술사를 중심으로 한 북미와 남미의 원주민들에게서 볼 수 있다.

론 자신의 마음 상태까지도 보고 해석한다. 다중 지능 같은 것은 **구조**로 이루어져 있고, 현재의 경험, 종교적 경험, 일상적인 감정, 명상 상태 같은 것들은 **상태**로 이루어져 있다.

　방금 말한 것처럼, 의식 상태는 직접적이고 즉각적인 1인칭 경험이므로, 그런 것들은 수천 년 동안 이해되었거나 최소한 알려져 있었다. 이에 비해 암묵적이고 잠재적인 3인칭 패턴의 **구조**는, 통상적으로 알 수 있는 대상이 아니므로 실험 결과를 통해 연역되지 않으면 안 된다. 그렇기에 구조는 잘해야 백여 년 전 근대에 이르기까지도 진정으로 알려지거나 이해된 적이 없었다. 그러나 그럼에도 이 둘(상태와 구조)은 마음과 인식, 의식을 이해하는 데에서 그리고 세계관에서부터 영성과 과학에 이르기까지 모든 것에서 작동하는 마음의 기능을 이해하는 데에서 절대적으로 중요한 것들이다.

2. 상태와 시점

의식의 **상태**에서부터 출발해보자. 대개의 관조 전통에서는 일반적으로 네 개 또는 다섯 개의 자연적인 주요 의식 상태를 열거하는데, 이 상태들은 갓 태어난 영아를 포함해 모든 사람에게 적용된다. 이 상태란 '깨어 있는 상태' '꿈꾸는 상태' '무형상의 깊은 수면 상태' '주시하는(또는 완전한 인식) 상태' '깨어난 비이원적 진여眞如'를 말한다. 꿈과 깊은 수면 상태는 잠자는 것에만 국한되지 않는다.

꿈꾸는 상태는 **정묘**精妙·subtle **상태로**, 창의성·이상화·종합 같은 고차 정신 상태를 포함한다. '주시'와 결합되지 않은 깊은 수면 상태는 현상 이전의 궁극적 실재가 최초로 현현하는 첫 번째 지점(혹은 영역)이다. 따라서 이 상태는 시간과 공간과 같은 가장 정묘한 존재 형태의 최초발원지인 '종합적 저장 인식(알라야식)'이다. 때때로 이 영역은 순수한 공 혹은 완전무결한 깨달음과 결합하기도 하는데, 그럴 경우 이 '정묘'는 최초의 '현현顯現 영역manifest realm'이 된다. 이때 물질matter·신체body·마음mind·혼soul·영spirit이라는 표준적인 다섯 영역은 신체·마음·혼·영의 네 영역으로 축소된다. 이것은 예컨대 불교에서는 화신Nirmanakaya·보신Sambhogakaya·법신Dharmankaya 및 자성신Svabhivikaya으로 알려져 있다. 이 영역들은 **조야**粗野·gross한 신체영역, **정묘**精妙·subtle한 마음 영역, **원인**元因·causal*적 주시자**(또는 참 자기) 영역, **궁극**ultimate의 영(비이원적 진여 또는 합일) 영역으로도 알려져 있다. 이런 영역들은 각각 깨어 있는 상태, 꿈꾸는 상태, 무형상, 즉 공의 주시자 상태 및 항존하는 궁극의 비이원적 영이나 진여 인식 상태 같은 의식 상태와 관계가 있다.

한편, 의식이나 각성은 대체로 깨어 있는 **조야** 상태와 동일시하

---

* 'cause'는 일반적으로 '원인原因'으로 옮기지만, 여기서는 현상세계가 생겨난 '최초의 원인'을 뜻하므로 '원인元因'(최초를 나타내는 으뜸 원元과 원인을 뜻하는 인因의 합성)으로 옮긴다.

** 의식공간에서 발생하는 모든 대상을 주시 혹은 목격하는 비어 있는 의식 그 자체를 말한다. 네 번째 의식을 일컫는 투리야 및 라마나 마하르시의 '나-나'에서 첫 번째 나와 같은 의미이다.

면서 시작한다. 명상의 목표는 피부로 둘러싸인 작고 제한되고 필
멸하는 에고(자아)와의 동일시를 중단하는 것, 그리하여 그 이름
을 무엇이라 부르든 '순수 공pure Emptiness' '텅 빈 신Godhead' '무pure
Nothingness' 또는 '공간Plenum*/비어 있음Void'을 발견하는 데에 있다.
그렇게 해서, 수피Sufis**들이 '지고의 정체성'이라고 부르고, 선에서
는 '본래면목本來面目'이라고 부르고, 기독교에서는 '그리스도 의식'
이라고 부르는 그것, 즉 특정한 모든 유한자와의 동일시로부터 근
본적으로 자유로운 우리의 참 자기와 비이원적인 궁극의 영에 이르
는 것이다.

다시 말하면, 현현 영역과 비현현 영역 모두와 절대적으로 하나
가 된다는 것, 일체와 철저히 하나가 된다는 것, 존재의 모든 기저
와 하나가 된다는 것이다. 매 순간 발생하는 모든 것과 하나인 존재
에게는 밖에서 바라거나 욕망할 것이 전혀 없으며, 격돌할 만한 어
떤 것도 없다. 그러므로 공포, 불안, 괴로움 같은 것도 없다. 우파니
샤드upaniṣad에서 말하는 것처럼, "그곳이 어디건 타자가 있는 곳엔
두려움이 있다." 그러나 우리가 모든 것과 하나일 때 우리의 참 자
기True Self가 아닌 어떠한 타자도 없다. 이제 우리는 모든 고통과 괴
로움에서 해방되어 대자유를 얻고, 궁극의 진·선·미와 실재를 깨

• 　스토아철학에서 말하는 물질이 충만된 공간

•• 　이슬람교의 신비주의자. 금욕과 고행을 중시하고 청빈한 생활을 이상으로 하였으며, 알
라와의 합일 경험을 중시하였기 때문에, 한때 이슬람 정통 교단으로부터 이단으로 몰리기도
했다.

닿게 된다. 불생불사의, 무제약적이고 무한정한, 무한히 자유롭고 생생히 살아 있는 광휘로 빛나며 시간을 넘어 영원한, 행복이 넘치고 환희에 찬 일자→者이자 전체가 된다. 이 상태가 바로 '깨달음' '각성' '해탈moksha' '회심metanoia' '무' 등 다양한 이름으로 알려진 상태이다.

그런데 '의식consciousness' 또는 '깨어 있음Wakefulness'이 조야한 각성 상태gross waking state와 완전히 동일시되고 있는 원래의 출발점과, 깨어 있음이 순수한 공(진여 또는 비이원적 합일)과 동일시되는 최종적인 해방 사이에는, 조금 전 기술한 완전한 깨달음에 미치지 못하는 4~5개의 의식 상태가 있다. 그런 상태 각각은 말하자면 더 깊고, 더 높고, 더 넓은 정체성을 구성하면서 궁극적인 비이원적 정체성에 조금씩 더 가까이 다가간 것이긴 하지만, 그곳에 도달한 것은 아니다.

명상의 목표는 **알아차림**Awareness과 **의식**을 갖고 깨어 있는 채로 이 상태 모두를 통과해 가는 것이다. 이 모든 상태-단계를 포함하면서 초월해야 하는데, 처음에는 깨어 있는 상태에서 각각의 단계와 동일시하고, 그다음에는 각 단계를 탈동일시하고 초월하여 다음 단계인 더 깊고 높은 상태로 나아간다. 그렇게 해서 궁극적인 비이원 상태에 도달하여 마침내 우리의 깨어 있는 의식 안에 모든 단계를 포함하게 될 때까지 초월해 나아가야 한다. 그렇게 해서 그 모든 상태를 초월하여 넘어서면, 이제 우리는 어떤 것과도 동일시하지 않는다. 즉 순수한 공이다. 그러면서 동시에 그 상태 모두를 포함시켰고 동일시했으므로, 우리는 무無이자 모든 것이고, 공空이자 전부이며, 근원적인 자유이자 흘러넘치는 충만이며, 제로이자 무한이다. 우리의 진정한 진여, 영과 하나인 참 자기를 발견한 것이다. 영과 하나인 이 참 자기는 **온우주**의 자기이기도 하다. 우리는 진정으로 고향에 돌아온 것이다.

세계 전역의 모든 훌륭한 명상 전통에는, 자신들의 전통에서 이해해왔고 수행해온 명상의 주요 단계(step 또는 stage)를 보여주는 중요한 지도가 있다. 그런데 주요 연구들에 의하면, 각 전통의 표면적인 특징과 단계들이 문화에 따라 상당히 달라 보이지만, 그들 모두의 심층 특징들은 여러 면에서 매우 유사하다는 사실을 알 수 있다. 그들 모두는 사실상 모든 인간에게 문화 횡단적으로, 또한 보편적으로 주어진 네다섯 개의 자연적인 의식 상태, 즉 조야粗野·gross·정묘精妙·subtle·원인元因·causal·주시注視·Witnessing 및 진여眞如·Suchness를 따르고 있다(이런 용어들의 구체적인 의미는 잠시 뒤에 다룰 텐데, 지금으로선 이런 용어들이 깨어 있는 상태, 꿈꾸는 상태, 깊은 수면 상태, 주시 및 비이원 상태에 대한 다른 표현이라는 것을 아는 것으로 충분하다).

통합이론에는 자기self의 '무게 중심center of gravity'이라는 것이 있다. 자기는 두 개의 무게 중심을 갖고 있는데, **'구조 무게 중심'**(즉 구조와 성장의 전반적인 스펙트럼이나 구조-단계상에서 자기가 특정 시점에서 가장 동일시하는 곳)과 **'상태 무게 중심'**(즉 주요 상태와 그것을 통과해가는 자신의 성장 또는 상태-단계상에서 자기가 가장 동일시하는 곳)이 그것이다. 예를 들어, 어떤 사람이 태고→마법→신화→합리→다원→통합→초통합의 **구조 성장** 과정에서는 주로 '신화' 수준에 있으면서, 조야→정묘→원인→주시→비이원의 **상태 발달**에서는 주로 '정묘' 상태 단계에 있다면, 그럴 경우 그 사람의 이중 무게 중심은 '**신화-정묘**'가 된다.

구조와 상태의 이런 관계를 나와 엘런 콤즈Allan Combs의 이름을 따서 종종 '윌버-콤즈 격자Lattice'라고 부른다. 콤즈 역시 독자적으로 나와 근본적으로 동일한 생각에 도달했다(그림 3-1). 이 그림에서 수직축은 (어떤 다중 지능이든) 모든 구조 성장을 나타내는 것이

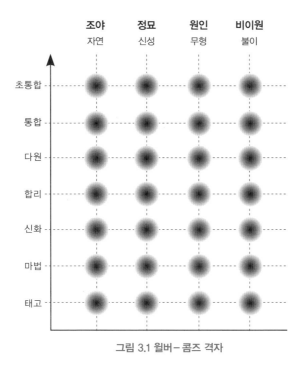

그림 3.1 윌버-콤즈 격자

며, 이 경우에는 표준적인 태고, 마법, 신화, 합리, 다원, 통합 및 초통합 수준을 사용하고 있다. 위쪽 횡렬에 있는 것은 주요 의식 상태로서, 이 경우에는 표준적인 다섯 상태 중 네 상태, 즉 조야, 정묘, 원인 및 비이원 상태만 사용한 것이다(주요 상태 아래 있는 것은 해당 상태에서 비롯한 신비적인 절정 경험의 명칭이다. 조야 영역 전체와의 일체감은 자연nature 신비주의이고, 정묘한 신적 형상과의 일체감은 신성deity 신비주의, 무형상의 원인/주시 상태와의 일체감은 무형formless 신비주의, 궁극의 비이원적 영역과의 일체감은 불이/비이원nondual 또는 합일unity 신비주의이다).

그런데 이 그림의 핵심 포인트는 이미 말했듯이, 각각의 주요 상태가 태고에서 초통합에 이르는 기본 구조에 의해 해석되고 경험될 것이라는 점이다. 그 사람이 도달해 있는 구조-단계가 어떤 단계인가에 따라서 이들 상태(상태 그 자체에서든 명상의 전체 과정에서의 특정 상태-단계에서든) 각각에 대한 성질과 경험은 극적으로 달라질 것이다. 이 주제는 각기 다른 구조-단계에 있는 불교 종파들이 자신의 가르침을 어떻게 해석하는가에 대한 실례를 들 때 다시 다룰 것이다. 그보다 먼저 이런 다섯 개의 주요 상태가 존재한다는 근거와, 세계의 모든 훌륭한 명상 체계들이 보여주는 상태들을 살펴보자.

전 세계 명상 전통들이 보여주는 중요한 특징들 사이의 유사성에 관한 예를 잡다하게 드는 대신에, 동양과 서양 그리고 탈근대 시대의 서너 개 예만을 제시할 것이다.

먼저, 관련 사항에 대한 아주 단순화시킨 개요부터 보기로 하자.

어떤 사람이 명상을 시작할 때 어떤 **구조 무게 중심**을 갖고 있든지 간에(마법에서 통합까지), 그 사람은 거의 언제나 '조야한 각성 상태 gross waking state'라는 **상태 무게 중심**에서 출발할 것이다. (구조 무게 중심은 대체로 다양한 명상 상태-단계들을 해석하는 방식을 결정할 것이기 때문에 결정적으로 중요하다. 잠시 뒤에 다시 다룰 것이다.)

상태를 순차적으로 살펴보면, 조야한 각성 영역에 있는 사람은 물리적 신체와 **조야-반영심**gross-reflecting mind(조잡하고 혼돈스러운 '원숭이 마음')에 매여 있다. 이 마음은 이기적 상태에 집중하고 있는 생각, 느낌, 감정들의 흐름으로서, 물질 영역과 그에 대한 욕망을 반영한다.

마음챙김 형식의 명상에서는 어떠한 판단이나 비판 없이 사실의 흐름을 단지 지켜보라고 가르친다. 몇 달간 이를 수련한 뒤에는, 원숭이 마음이 가라앉기 시작할 것이고, 알아차림awareness은 더욱 정묘한 차원의 마음과 존재 상태로 열릴 것이다. 아마도 사랑-자비의 정묘 상태, 거의 무한한 빛과 광명의 상태, 매우 평화로운 정적과 평정의 확장, 에고를 넘어 점점 더 깊어지는 '나의 존재성IAMness'** 으로 확장하는 경험을 할 수도 있을 것이다(이 단계는 종종 **정묘한 혼subtle soul**'이라고 불린다. 불교에서는 '혼'도 자아ego와 마찬가지로 단지 관습적 실재만 갖고 있을 뿐 궁극적 실재가 아니라고 한다. 어쨌든 이 정묘 상태-단계에서의 혼도 자아와 마찬가지로 관습적으로 존재하는 실재이므

• 언제나 스스로 있는 유일의 보편적인 나의 존재성.

로, 결국에는 그 배타적인 정체성 역시 죽고 말 것이다).

명상의 알아차림이 **원인/주시자**로 깊어지면, 사고로부터 자유로운 순수한 알아차림의 범위가 넓어질 것이다. 초월적 정체성, 참 자기 또는 무한한 절대 자기의 존재성이라는 상태가 일어나며, 보편적인 사랑, 행복, 환희가 일어날 것이다. 유한한 심신과의 동일시가 완전히 떨어져 나가고, 그리스도 의식, 불심佛心, 아인 소프Ein Sof* 등으로 대치될 것이다.

알아차림이 **원인/주시**에서 **궁극적 합일**(또는 **비이원성**)로 더 깊어지면, '보는 자가 현상을 주시한다'라는 주객 이원적인 생각이 완전히 사라진다. 그렇게 되면 산을 보는 것이 아니라 자신이 곧 산이고, 대지를 느끼는 대신 자신이 곧 대지이며, 하늘에 떠다니는 구름을 지각하는 대신에 구름이 자신 안에서, 자신의 의식 안에서 떠다니게 된다. "내가 종소리를 들었을 때, 거기 종도 나도 없었다. 있는 것이라곤 다만 종소리뿐"이라고 한 어떤 선사의 오도송悟道頌(깨달음의 시)처럼.

그런 상태가 영속되면 상태 무게 중심은 **조야**로부터 **정묘, 원인/주시, 비이원적 진여**로 넘어가게 되어, 곧 지고의 정체성, 즉 영과 하나가 되고 온 현상 세계와 일체가 된다(당신의 그 세계가 어떤 것이든, 그 세계는 구조에서 구조로, 또 다른 구조로 변화하고 확장해갈 것이다).

이제는 고전이 된 《신비주의Mysticism》에서, 에블린 언더힐Evelyn

---

* '끝이 없는' '무한의'라는 의미.

Underhill은 거의 모든 서양 신비가들이 4~5개의 주요 상태-단계를 거쳐 영원한 깨달음으로 나아간다는 점을 지적하고 있다. 그 단계는 물론 조야, 정묘, 무형의 원인 및 비이원적 합일이라는 표준 단계의 변화된 형태들이다.

하지만 먼저, 상태 발달은 구조 발달과는 달리 훨씬 느슨하고 덜 엄격하다는 점을 지적해야겠다. 물론 '구조'는 훨씬 구조적이라서, 사회적인 조절에 의해 변화시킬 수 없는 순서로 출현한다. 구조는 상태와는 달리 단계를 건너뛸 수 없어서, 한 단계 이상 상위에 있는 구조를 경험할 수 없다.

예컨대 구조에서 도덕 단계 1에 있는 사람은 단계 5에 해당하는 사고를 경험할 수 없다. 그러나 조야 상태에 있는 사람이라도 원인 상태나 비이원 상태를 경험할 수 있다. 이러한 경험은 마음챙김 명상을 통해 '주시적 알아차림Witnessing awareness'과 동일시하면서 시작할 수 있다. (그러나 상태 무게 중심도 단계적으로 이동해가기는 한다. 왜냐하면 일시적인 절정경험과는 달리, 고차 상태와의 실제적인 동일시는 이전의 저급 상태와의 동일시를 바탕으로 하기 때문이다. 그렇다 하더라도 상태 무게 중심의 변화는 요지부동의 규칙은 아니다).

이런 점에 유의하면서, 언더힐의 단계를 살펴보자. '조야 정화gross purgation' 단계에서는 물리적 신체와 욕망에 휘둘린 사고와의 동일시를 정화하고 방출하는 작업을 한다. '정묘한 광명subtle illumination' 단계에서는 더욱 정묘한 차원, 즉 광휘, 혼의 고차적 정서로 안내된다. '어두운 밤'의 단계에서는 원인, 알 수 없는 무형의 구름, 유한한 굴

레로부터의 해방을 발견한다(그러나 그 깨달음은 아직 영원한 것이 아니기 때문에, 이러한 대자유의 상실로 인하여 엄청난 고통을 받는다). 마지막으로 비이원적 합일 의식 단계에서는 혼과 신이 궁극적 신성Godhead 속으로 사라진다. 전체 과정은 종종 알아차림 또는 회심回心·metanoia이라는 절정경험으로 시작되는데, 이 경험은 궁극적 실재의 낙원 같은 모습을 보여주면서 혼이 고차 상태-단계와 '깨어남Waking up'의 길을 향하도록 방향을 설정해준다.

나의 저서(공저)《의식의 변형Transformation of Consciousness》이란 책에서, 나는 하버드 대학 신학 교수 존 커번John Chirban이 쓴 한 개의 장을 실었는데, 그는 초기 교회의 성자들을 예로 들면서 그들 모두가 대략 5개의 상태-단계를 통과해갔음을 보여주었다. 그가 보여준 이 단계들은 언더힐이 말한 4~5개의 기본 단계(조야, 정묘, 원인, 주시, 비이원)와 크게 다르지 않다.

《의식의 변형》의 주요 공저자 중 한 사람인 하버드 대학 대니얼 브라운Daniel Brown 교수는 지금까지 고안된 가장 세련되고 완전한 명상 시스템 중 하나인 티베트 불교의 마하무드라Mahamudra 시스템에 초점을 맞추면서, 지난 30여 년을 전 세계의 명상 시스템들을 연구하는 데 바쳤다. 14권의 마하무드라 근본 경전을 독창적으로, 그것도 원어 그대로 연구한 그는, 그 명상 시스템 모두가 근본적으로 똑같은 5~6개의 단계를 통과해간다는 점을 밝혀냈다. 그는 그 단계를 **시점**視點·Vantage Points이라고 불렀다. **시점**은 **'상태 영역**state-realm'과 관련되고, **관점**은 **구조 디딤판**structure-rung과 관련된다. 이 말이 무엇을 의미하는지 잠시 살펴보고, 다시 본래의 주제로 돌아오기로 하자.

구조 발달에는 '사다리ladder' '등반자climber' '관점View'이라고 부르는 일종의 비유적인 개념이 있다. '사다리'는 사다리의 발 디딤판으로, 의식 구조의 스펙트럼을 말한다. 이것들은 일단 출현하면, 그대로 남아 존재한다. 잠시 뒤에 이 디딤판에 대한 예를 다룰 것이다. '등반자'란 '자아 시스템self-system'을 말한다. 즉 등반자는 '존재'의 사다리를 딛고 올라가면서, 자신이 밟고 있는 각각의 디딤판과 자아를 일시적이긴 하지만 배타적으로 동일시하며, 그 디딤판의 눈높이에서 세상을 본다. 달리 말하면, 세계에 대한 등반자의 관점은 등반자가 밟고 있는 현재 디딤판과 그 디딤판의 특징들에 의해 결정된다는 것이다.

예컨대, **사실적**concrete 마음과 동일시할 경우, 그는 문자 그대로의 '사실적 신화' 관점으로 세계를 보며, **합리적** 마음과 동일시할 경우, 근대적·합리적·과학적 또는 객관적인 관점으로 세계를 본다. 종합하는 **비전 논리**vision-logic* 마음과 동일시할 경우, 그는 통합적 관점으로 세계를 본다. 이후에도 이런 식으로 계속 이어질 것이다.

그림 3.2는 기본 디딤판 또는 기본 구조와 그 구조에 상응하는 관

---

* 2층의 통합 단계에서 작용하는 초, 중, 후기 인지 시스템에 윌버가 붙인 명칭이다. 초기 비전논리는 실재를 상대적인 시스템으로 분화시키는 경향이 남아 있는 데 비해, 중후기의 비전논리는 이런 여러 시각들을 하나의 시스템으로 엮어 통합하는 것이 가능하다. 통합 이전의 심적 구조와 통합을 넘어선 초심적·초통합적 구조를 연결하는 교량 역할을 한다.

점을 간략하게 요약한 목록이다. 특정 구조-단계에서 세계를 보는 방식, 또는 어떤 특정한 구조 디딤판과 자신을 동일시하고 그것을 통해 세계를 보고 해석하는 자기의 구조 무게 중심에 대한 간략한 목록이다. (관점이란 태고, 마법, 신화, 합리, 다원, 통합, 초통합이라고 불러왔던 것을 말한다.) 그림 3.2는 그런 관점들과 상응하는 기본 디딤판들을 보여준다. (지금 우리가 사용한 '마법' '다원' '소속감' '자존감' 등 관점의 명칭들은 단지 여러 다중 지능 라인에서 취한 일부 명칭에 지나지 않

		디딤판Rung(구조)		관점View(구조-단계)
분기점-1		감각운동 마음		태고적
분기점-2		본능적 또는 충동적 마음 정서적-성적		마법적 정서적-성적
분기점-3		개념적 또는 의도적 마음		마법-신화적, 권력 충동
분기점-4		사실적 마음		신화적, 순응주의자 전통적, 소속감
분기점-5		합리적 마음		이성, 다중적, 근대적, 자존감
분기점-6		다원적 마음		다원적, 탈근대적, 유동적
분기점-7 과 8		고저高低 비전 논리		전체론적, 시스템적
		2층 또는 시스템 마음		통합적, 세계적, 구성개념 인식
분기점-9	3층	파라마인드	초통합	초세계적
-10	3층	메타마인드	초통합	예지력 있는
-11	3층	오버마인드	초통합	초월적
-12	3층	슈퍼마인드	초통합	초월적-내재적, 비이원적

그림 3.2 기본 구조 디딤판과 관련된 관점들

는다. 각 관점에 사용할 수 있는 이와 다른 명칭들도 십여 개가 넘는다. 따라서 여기서 사용한 명칭들은 관점을 나타내는 많은 용어 중에서 선택한 극히 일부라는 점에 유념하기 바란다.)

구조와 구조-단계가 발달해가는 동안 자기, 즉 등반자가 한 단계에서 다음 상위 단계로 올라서면 두 가지 중요한 일이 발생한다.

(1) 자기는 하위 디딤판에서 비롯된 관점을 버리거나 잃어버리고 다음 디딤판에서 비롯된 관점으로 대치한다. 자명한 일이지만, 사다리를 올라가면서 세 번째 디딤판에서 네 번째 디딤판으로 올라설 경우, 더 이상 세 번째 디딤판에서 세상을 보지 않게 된다. 세 번째 관점은 사라지고, 대신 네 번째 디딤판에서 세상을 보게 된다.

(2) 그러나 세 번째 디딤판 자체는 현실에 그대로 남는다. 네 번째 디딤판은 실제로 그 위에 놓이게 된다. 그러므로 구조 발달 각 단계에서 기본 구조는 현실에 그대로 남아서 포함되지만, 그 디딤판에서 본 관점은 사라지고 초월되고 부정된다. 다음 상위 디딤판에서 보는 관점으로 대치되고, 자기는 그 관점과 배타적으로 동일시하게 된다. 발달이란 초월이자 포함, 또는 부정이자 보유라고 말할 때 의미하는 것은 이것이다(헤겔은 이를 "지양한다supersede는 것은 부정하는 것이고 동시에 보유하는 것이다"라고 표현했는데, 우리는 통상 그것을 '초월과 포함'이라고 번역한다). 보유되고 포함되는 것은 기본 구조 디딤판이고, 부정되고 초월되는 것은 특정 관점들이다. 이런 주요 변형이 일어날 때마다 우리는 그것을 발달의 '분기점fulcrum'이라고 부르는데, 그림 3.2 좌측에 나와 있는 숫자는 12개의 주요 구조 디딤판에

상응하는 12개의 분기점이다.

한편, '중심 자기central self'가 상태 영역들을 거쳐가며 발달할 경우에도, 상태 영역들과 거기서 비롯된 시점들에서도 구조나 관점에서와 똑같은 초월과 포함이 일어난다. 즉 자기는 어떤 상태-단계에서 그 상태와 동일시하다가, 다음 상태-단계로 넘어가서는 그 상태와 동일시하며 이전의 상태를 탈동일시하게 된다(즉 자신의 상태 무게 중심을 현 상태-단계에서 다음 상태-단계로 전환한다). 상태 영역들은 보존되고 포함된다. 하지만 시점들은 초월되고 부정된다. 게세 켈상 갸초Geshe Kelsang Gyacho는 마하무드라 명상에 대해 말하면서 이런 연속적인 상태-단계를 아래와 같이 여섯 단계로 제시한다.

1. 자신의 조야한 마음과 동일시한다.
2. 조야한 마음을 직접 구현한다.
3. 정묘한 마음과 동일시한다.
4. 정묘한 마음을 직접 깨닫는다.
5. 원인/비이원의 마음과 동일시한다.
6. 원인/비이원의 마음을 직접 실현한다.

(여기서 갸초는 '화신' '보신' '법신'이라는 표준적인 '3-상태 영역' 모델을 이용하여, '조야' '정묘' '매우 정묘very subtle'를 요약한다. '매우 정묘'는 '원인'에 대한 티베트식 용어이다. 따라서 '조야' '정묘' '원인' 대신에 '조야' '정묘' '매우 정묘'가 된다. 이 '3-상태' 모델은 네 번째 상태인 '주시' 마음과 다

섯 번째 상태인 '비이원·공'의 마음을 묵시적으로 생략한 것이다. 이 두 마음 모두 티베트 교사들에게 잘 알려져 있지만, 종종 그 둘을 '법신'이나 '매우 정묘', 즉 '원인'에 포함시킨다. 따라서 나는 이것을 원인/비이원으로 요약했다. 이것은 단순한 의미론적인 문제에 지나지 않는 것으로, '조야' '정묘' '원인'을 이 전통에서도 잘 인식하고 있다는 것이 포인트이다.)

댄 브라운Dan Brown 역시 **조야한 각성 상태**gross waking state에서 출발하는데, 이 상태에서는 사람들이 보통 조야한 물질적 신체 및 조야한 사고·감정과 배타적으로 동일시한다. 다양한 예비과정과 명상 수행을 거친 후에 일어나는 첫 번째 주요 전환은 **조야** 상태-단계와 그 상태의 시점에서 **정묘** 상태-단계와 그 시점으로의 이행이다. 여기서 그 사람은 대체로 더 이상 물질적 신체와 사고, 즉 조야한 영역과 배타적으로 동일시하지 않게 된다(비록 기본 디딤판과 마찬가지로 이 주요 상태 영역도 계속 남기는 하지만). 대신에 중심 자기는 이제 정묘 영역 및 그 시점과 동일시한다. 그것은 더 이상 조야한 에고가 아니다. 브라운은 이것을 '정묘 인격체'라고 부르고(기독교 묵상파Christian contemplatives에서는 "혼"이라 부른다), 이 단계를 '알아차림'이라고 부른다. 이 단계가 산만하고 조야한 사고와 감정으로부터 벗어난 최초의 단계이고, 또한 순수한 '알아차림'과 더 가까이 있기 때문이다.

다음 상태-단계인 원인 상태-단계에서 정묘한 인격, 혼 등의 시점은 해체되고(비록 정묘 영역 자체는 계속 남아 존재하지만), '매우 정묘한'(또는 '원인의') 모습들인 '현현' 자체, 이른바 시간과 공간이 남는다. 댄은 이 원인 상태-단계를 '**알아차림 자체**Awareness-itself'라고 부른다.

원인에서 그다음 상태 단계인 '**깨어 있는 알아차림**'으로 계속 진행해가면, 명상자는 원인 상태 및 그 시점과 배타적으로 동일시하기를 중단한다. 그 대신 무시간적인 순수한 지금, 즉 순수한 현재에 초점을 두는 알아차림을 찾기 위해 공간과 시간을 초월한다. 브라운은 이 상태-단계를 '그 자체로서의 알아차림Awareness-in-and-of-itself'이라고 부른다.

이것이 브라운의 마지막 단계인 '깨어난 비이원적 알아차림Awakened Nondual Awareness'이다. 이 알아차림은 주시자에게 미묘하게 남아 있던 주객 이원성을 제거한다. 브라운은 이것을 '전인성全人性·individuality'이라고 부르는데, 종종 '참 자기True Self' 또는 '진아Real Self'라고 부르기도 한다.

순수 주시자를 종종 참 자기 또는 진정한 자기라고 부르는 이유는 이 전인성 때문인데, 이것도 결국에는 궁극적 비이원적 합일 또는 순수 진여를 인식하기 위해 초월되지 않으면 안 된다. 초월이 일어나면 세계는 (특징이 없는 것이 아니라) 이음새 없는 무봉無縫의 전체 또는 비이원적 실재로 보이게 된다. 거기서 그 사람의 알아차림은 조야·정묘·원인의 모든 현상들과 하나이지만, 그들 중 어떤 것과도 배타적으로 동일시하지는 않는다. 그런 영역들은 계속해서 존재하고 발생하지만, 조야·정묘·원인·주시·비이원 등 어느 상태에도 집착하지 않게 된다.

끝으로, 탈근대적인 예로 미국인 영적 교사 아디 다Adi Da를 보자. 그는 이렇게 주장한다.

"가장 완전한 깨달음大覺·Divine Enlightenment을 이루기 위해서는 세 개의 구분된 국면을 통과해가면서 자아를 초월하지 않으면 안 된다. 첫째 조야한 물질 수준(돈, 음식, 섹스 수준), 다음 정묘 수준(내적인 비전, 소리 및 온갖 종류의 신비체험), 마지막으로 원인 수준(의식이 존재하는 근본 수준. 이 의식 안에서 '나'와 '타자' 또는 주객 이분법이라는 감각이 일어난다)이다."

아디 다의 네 번째 국면은 '항상 있는 진리Always-Already Truth', 즉 모든 존재의 상존하는 목표, 근원, 조건에 대한 깨달음이다. 그 깨달음은 높든 낮든, 성스럽든 속되든, 현상적이든 비현상적이든, 즉 조야하든, 정묘하든, 원인적(암묵적인 근본 주시)이든, 비이원적이든 항상 그렇다.

명상에서의 다섯 가지 주요 상태-단계들을 간단하게 도식적으로 요약한 것이 그림 3.3이다. 그림 왼쪽에는 서양을 대표하는 에블린 언더힐의 단계가 밑줄(굵은 점선)로 표시되어 있다. 그림의 오른쪽 아래에는 또 다른 동양 시스템인 최상의 요가 탄트라의 단계가 표시되어 있다('오온', 즉 물질 형태, 이미지, 심볼, 개념적 마음, 자아 등의 '자기개념'으로 이루어진 조야 의식의 다섯 가지 주요 형태로 시작해서 '현명근득顯明近得·black near-attainment'*, 즉 비이원적 인식 바로 직전의 '어두움(심

---

* 탄트라 수행과정에서, 신체의 특정 부분들에 집중하여 명상하면 기가 중앙 기맥에 들어

연)'에서 끝난다). 조야, 정묘, 원인, **투리야**Turiya(의식의 '네 번째' 상태라는 말. 깨어 있고, 꿈꾸고, 꿈 없는 잠이라는 세 가지 상대적인 상태 이면에서 순수하게 지켜보는 자각 상태) 및 **투리야티타**Turiyatita('네 번째를 넘어선' 또는 '깨어난 비이원적 인식')를 담고 있다.

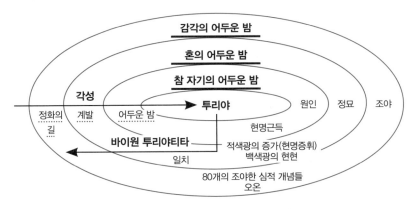

그림 3.3 명상 상태의 주요 단계

각각의 주요 영역은 그림에 나타나 있듯이 그 나름의 '어두운 밤'을 갖고 있다. 그것은 조야 상태의 에고로부터 정묘 상태의 혼, 원인/

가 머무르고 융해된다. 중앙 기맥에서 융해되는 기는 7종이 있는데 ①지, ②수, ③화, ④풍, ⑤현명顯明의 마음을 동반한 기, ⑥현명증휘顯明增輝의 마음을 동반한 기, ⑦현명근득顯明近得의 마음을 동반한 기가 그것이다. 현명증휘의 마음과 이를 동반한 기가 함께 용해될 때 '현명근득의 흑색현상'이 일어난다. 이때의 마음은 현명증휘의 마음보다 한층 더 정묘하다. 현명근득의 마음에는 두 가지 수준이 있다. 처음은 여전히 대상에 집중된 의식이 미세하게 남아 있지만, 나중에는 집중된 마음이 전혀 없다. 따라서 첫 단계에서는 암흑의 현상을 경험하지만 나중에는 압도적인 무의식, 즉 전혀 의식이 없는 상태를 경험하게 된다.

주시의 주시자, 순수하고 제약 없는 깨어난 비이원적 인식 또는 진여에 이르기까지, 그 상태 영역과 연합되어 있는 특정한 '분리된 자기 감각'의 죽음이다. (특정 자기 감각으로부터의 분화와 탈동일시에 실패할 경우, 그 자기에 대한 고착·탐닉이 초래된다. 반대로 탈동일시가 너무 지나쳐서 특정 자기 감각을 분리하고 부정하게 되면, 그 자기에 대한 회피·거부반응이 초래된다. 양쪽 모두 '초월과 포함'으로 진행해가는 발달 과정에서 잘못된 기형적인 것으로, 전반적인 상태 진화에서 심각한 기능장애를 초래한다.)

전반적인 명상의 길에서 주요 핵심은 모든 상태 영역을 초월하고 포함하는 '깨어남'(여여如如 의식)을 갖는 것이고, 그렇게 해서 더 이상 다양한 상태 변화(꿈꾸는 상태와 숙면 상태 같은)를 '망각'하지 않고, 대신 '항상 의식', 즉 늘 현존하는 비이원적 깨달음, 유한한 개별적 자기와 무한한 영의 통일과 초월에 대한 인식을 가지는 것이다.

이러한 보편적인 유사성들은, 유기체인 모든 인간의 뇌가 선천적으로 갖추고 태어난 의식의 자연적 상태들(조야한 각성, 정묘한 꿈, 깊은 무형상의 원인적 주시, 그리고 이 모든 것들의 원천이자 기반인 상존하는 비이원적 자각)에 뿌리를 두고 있거나 적어도 그와 관련이 있어 보인다. 모든 보편성을 부정하려고 애쓰는 탈근대론자postmodernist들은 이러한 보편적인 뇌의 상태를 설명하는 데 어려움을 겪는다. 불교도와 유대교도, 힌두교도가 문화적으로 전혀 다르게 구조화되어 있는 뇌의 상태를 갖고 있다고 주장하는 것은 전혀 말이 안 된다. 우리의 생물적인 뇌의 상태는, 그들이 어디에 살고 있는가와는 상관

없이 심층적인 특성이 유사하다. 따라서 관조 및 명상 단계도 보편적 특성을 취하게 된다(다시 말하지만, 이는 심층적 특징일 경우이다. 이와 달리 표면적 특징은 문화에 따라 다르며, 종종 개인에 따라서도 다르다).

명상 단계들도 사실 다른 모든 것과 마찬가지로 사분면四分面적인 것과 관련을 맺고 있다(사분면이란 어떤 상황에도 본질적으로 내재하는 4개의 주요 시각perspectives을 말한다. 잠시 뒤에 다시 다룰 것이다). 사분면은 생물적 요인, 심리적 요인, 문화적 요인 및 사회적 요인이라는 네 영역으로 이루어져 있다. 이들 모두는 이런 명상 단계의 표면 특징들이 어떻게 드러나고 경험되는가와 관련하여 나름의 역할을 하게 될 것이다. 문화적 요인과 사회적 요인이 인간의 경험을 드러내는 데 중요한 역할을 담당하고 있다는 것은 아주 잘 알려져 있는 사실이다.

이는 초개인적인 보편적 특징에서도 마찬가지이다. 그런 경험들도 네 사분면 모두에서 구조의 측면으로 해석될 것이다. 예컨대, 서양의 신비 문헌에서는 흔히 두 날개를 가진 빛나는 존재(천사)에 대한 수많은 언급을 찾아볼 수 있지만, 만 개의 팔을 가진 빛나는 존재에 대한 언급은 단 한 군데도 없다. 그런데 이는 티베트에서는 놀라울 정도로 일반적인 모습으로, 자비의 보살인 관음보살을 나타낸다. 예컨대, 달라이 라마도 이 관음보살의 환생으로 알려져 있다. 이러한 형상들(천사와 관음상)이 바탕을 둔 정묘한 의식 상태와 뇌의 상태는 매우 사실적이며 보편적으로 발견되는 상황이기 때문에, 이들을 '문화적 구성물'로 볼 수도 있겠지만, 이러한 형상들이 사회

문화적 구성 요인들에 의해 **해석된다**는 점이 포인트이다.

관점Views과 시점Vantage Points 양자 모두가 인간의 경험을 결정하는 데 있어서, 즉 그것을 어떻게 보고 어떻게 해석하고 경험하는가에 있어서 매우 중요하다는 사실이 심각하게 간과되고 있는데, 실은 이 관점과 시점은 모든 점에서 문화적 요인이나 사회적 요인만큼이나 실제적인 것이다.

상태와 그 영역들(조야, 정묘, 원인/주시, 궁극적 비이원)은 경험 가능한 현상 일반의 유형(조야 현상, 정묘 현상, 원인 현상, 비이원 현상)을 결정한다. 한편 구조와 각 구조의 관점은 '숨은 지도'와 문법 규칙을 통해, 이러한 현상들을 **어떻게** 경험하고 해석할 것인지를 결정한다. 똑같은 현상이라도 (명상 상태든 그 밖의 상태든) 다른 관점을 통해서 볼 경우, 사실상 전혀 다른 현상을 가져올 것이다.

꿈꾸는 상태에 있는 사람을 예로 들어보자. 꿈꾸는 상태는 정묘 영역의 부분집합으로서, 이 영역은 조야한 물리 영역을 제약하고 제한하는 요인들로부터 자유로운, 매우 자유분방한 창조적인 영역이다. 그러므로 이 상태의 사람은 뿔이 하나 달린 사슴이나 만개의 팔을 가진 인물, 또는 기존의 기술에 대한 새로운 응용에 이르기까지 모든 것을 꿈꿀 수 있다. 그러나 그 사람이 그 꿈을 어떻게 해석할 것인가는 대체로 그 사람의 관점(구조 디딤판의 발달 수준)에 의해 결정될 것이다.

그 사람이 기독교인이고, 빛과 사랑으로 빛나는 존재에 대해 꿈꾸었다고 가정해보자. 그 사람은 이 존재를 예수 그리스도로 볼 가능성이 매우 클 것이다. 만일 그 사람이 개념적·의도적 마음, 즉 자아 중심적 또는 권력 추동적 마음(구조 디딤판3, '마법-신화' '권력') 수준에 있다면, 마법-신화적 관점에서는 분명히 자아 중심적인 1인칭 시각perspective만이 가능하기 때문에, 그 사람은 실제로 자신을 (오직 자신만을) 예수 그리스도라고 볼 것이다.

한 단계 더 올라 신화적·전통적 관점에 이르게 되면, 이 단계에서는 2인칭 시각을 취할 수 있어서 자신의 정체성을 '나'에서 '우리'로 확장할 수 있다. 그러므로 이 사람은 '성서는 문자 그대로 하나님의 말씀이다' '진실한 신자는 선택된 사람이다(다른 모든 사람은 지옥에서 불타게 될 것이다)' '성서에 기록된 기적은 (모세가 홍해를 둘로 가른 것에서부터 노아와 그의 방주가 생명 있는 모든 것을 구했다는 것이나, 그리스도가 생물학적 처녀에게서 태어났다는 것에 이르기까지) 모두 문자 그대로 진실이다'라고 믿는다. 이 사람은 이 빛의 존재를 모든 진실한 신자의 구원자인 그리스도라고 볼 것이다. "그는 선택된 사람만을 위한 구원자이다(그를 구원자로 받아들이지 않는 모든 사람은 지옥에 가게 되어 있다.)."

그다음 상위 관점, 즉 합리적 또는 객관적 마음 수준에 있는 사람은 비판적이며 반성적인 3인칭 태도를 취할 수 있게 된다. 따라서 그는 성서가 주장하는 (2천 년 전에는 의미가 있었겠지만 지금은 의미가 없는) 진리들을 검증하려 할 것이다(예컨대, 돼지고기를 먹지 말라, 생리 중인 여자와는 말하지 말라 등). 토머스 제퍼슨Thomas Jefferson(1743-1826)이 백악관 계단에 앉아서 성서 내용 중 신화적 난

센스라고 느낀 부분을 모두 가위로 오려냈을 때, 실제로 그가 한 일은 자신의 합리적 관점을 표현하는 것이었다. 이 단계에 있는 사람은 예수라는 인물을 문자 그대로 생물학적 처녀에게게서 태어난 의인화된 하나님의 독생자가 아니라, 위대한 사랑과 지혜를 갖춘 세계 스승이자 훌륭한 인물로 경험할 가능성이 크다.

이처럼 찬란한 빛과 사랑이라는 똑같은 현상일지라도, 그 주체의 구조 디딤판 또는 관점에 따라 그 현상에 대해 완전히 다른 세 가지 해석과 경험을 하게 된다는 점을 알 수 있다.

이번에는 계발과 통찰의 특정 단계, 예컨대 정묘·광휘 상태–단계에 도달한 명상 경험을 상상해보자. 정묘 영역과 그 시점은 우선 어떤 유형의 현상이 발생할 수 있는지를 결정할 것이다(이 경우에는 '무상'과 '무아'로 나타난 광휘와 통찰지로, 예컨대 빛나는 존재와 사랑의 감정을 보여주는 정묘 영역의 꿈과 같은 것이다). 이를 좀 더 깊이 살펴보자.

예컨대, 명상 중에 있는 세 단계의 사람들, 즉 마법–신화적 관점(자아 중심)의 사람, 신화–축어적 관점(민족 중심)의 사람, 합리적 관점(세계 중심)의 사람이 실제로 겪는 경험과 이해의 차이를 상상해보자. 명상 전통에서는 명상 중에 있는 특정 상태–단계 자체와 그 단계의 시점에 초점을 맞춘다. 세 가지 관점 모두 '광휘와 통찰'이라는 점에서 그 심층 특징은 근본적으로 똑같다. 그러나 실질적인 질감, 특별한 성질, 그 정도, 그 상세한 해석과 시각은 대체로 그들의 실제 관점(구조)에 따라서 이 세 사람 사이에 많은 차이점이 있을 것이다.

이런 차이는, 다시 말하지만, 그 사람의 **구조 무게 중심**의 구조-단계와 기본 디딤판에 의존한다. 1인칭 시각, 2인칭 시각, 3인칭 시각 중 어떤 시각으로 그 명상 단계를 보느냐에 따라 매우 다르게 보인다. 앞서 보았듯이, 시점Vantage Point은 **무엇을** 보는가를 결정하는 중요한 요소 중 하나이지만(이 경우에는 정묘 광휘와 통찰), 관점 View은 그것을 **어떻게** 볼 것인가를 결정하는 매우 중요한 요소이다(이 경우에는 자아 중심적으로 볼 것인가, 아니면 민족 중심적 또는 세계 중심적으로 볼 것인가이다). 관점은 경험을 보는 렌즈이므로, 그 경험을 어떻게 틀 지을 것인지, 어떻게 해석할 것인지, 그것에 어떤 의미를 부여할 것인지, 어떻게 경험할 것인지를 결정한다.

요점은 사람마다 이미 다른 발달 구조-단계structure-rungs에서, 다른 관점을 지닌 채 명상 수행을 한다는 것이다. 불교의 모든 종파가 각기 다른 관점에서 비롯되었다는 것은 말할 것도 없다(이 주제는 뒤에서 다룰 것이다). 따라서 구조와 상태 모두를 고려해야만 많은 점에서 이득이 되는 결과를 불러올 수 있다. 그렇지 않으면, 많은 사례에서 보듯이, 예컨대 만일 스승이 다원적 관점에 있고 명상의 각 단계를 다원적 관점에서 해석한다면, 그와 다른 관점에 있는 제자들은 자신들의 명상 경험에 대해서 납득되지 않는 방식으로 해석하게 될 것이다. 종종 제자들의 특정 명상 상태-단계의 경험이 실제로 그들이 도달해 있는 특정 구조-단계에서는 올바른 것일지라도, 스승은 그 경험을 잘못 본 것이고 잘못 이해한 것이라고 말할 수도 있을 것이다. 심지어 그 제자들의 경험이, 실은 스승보다 더 높은 구조, 말하자면 통합 또는 대통합 관점에서 경험된 것일지라도 그럴 것이다. 이는 제자의 영적 발달을 심각하게 손상시킬 것이고, 더 높은 수준의 불교 자체에 대해서도 심대하게 잘못 해석할 것이다.

이런 일은 알려진 것보다 훨씬 더 자주 일어나고 있다. 뒤에서 살펴보겠지만, 특히 60년대와 70년대 들어서, 상태 축은 대단히 발달했으나(종종 원인 또는 비이원적 상태까지) 구조 축은 발달이 저조한 채 이곳(미국)으로 건너온 많은 동양 스승에게는 특히나 일반적인 일이었다.

이들은 종종 자신들이 살았던 전통문화의 민족 중심적이고 신화적인 구조 관점을 드러냈다. 그들이 자신보다 더 높은 구조, 예컨대 탈근대적·다원적 관점을 갖고 있는 대다수 제자들과 상호작용할 경우, 그 결과는 종종 심각하게 혼란스러웠고 방해가 되기조차 했다. 스승들의 조언이 상태에 관한 것일 경우에는 종종 훌륭한 것이었고 학생들도 그런 조언에 감복했다. 반면 그들의 조언이 구조에 관련된 것일 경우, 종종 동성애 혐오적이고 외국인 혐오적이었으며, 가부장적이고 성차별적이며, 권위주의적이고 완고하게 위계적인, 매우 당혹스러운 것들이었다. 구조와 상태 모두를 고려하지 않는다면, 제자들은 계속해서 이런 식의 매우 혼란스러운 상황에 놓이게 될 것이고, 영적인 발달에서도 역기능을 초래할 가능성이 클 것이다.

3. 구조와 관점

지금까지 동양과 서양의 명상에서 경험되는 일반적인 상태-단계 (조야, 정묘, 원인, 주시, 비이원) 중 몇 가지를 간략하게 요약해서 제시 하였다. 이제 기본 디딤판, 구조와 구조-단계, 관점의 발달 등이 종 교나 영성에 미치는 영향에 초점을 맞추어 간략히 요약하겠다.

우선 인간의 두 가지 유형의 영적 인식에 관해 간단히 살펴보자. 하나는 구조에 기초한 것이고(**영성 지능**spiritual intelligence이라고 알려 져 있다), 다른 하나는 상태에 기초한 것이다(**영적 경험**spiritual experience 이라고 알려져 있기도 하다). 영적 경험, 즉 1인칭 상태는 명상의 주요 상태-단계를 논할 때 이미 설명했던 것이다. 이 경험들은 우리가 '**깨어나는**' 방식이기 때문에, 조야 영역의 자연 신비주의든, 정묘 영 역의 신성 신비주의든, 원인 영역의 무형 신비주의든, 비이원 영역 의 궁극적 합일 신비주의든, 우리가 실재의 신성한 차원을 직접, 즉 각 경험하는 방식이라고 말했다. 이런 것들은 조야, 정묘, 원인, 비 이원 등 다양한 상태 영역에서 나타나는 존재의 신성한 기저에 대 한 직접적이고 즉각적인 경험들이다.

반면, 영성 지능은 경험적이기보다는 지적이거나 지능 지향적이 다(영성 지능은 실제로 다중 지능 중 한 가지이다). 영성 지능은 신성한 삶의 가치와 의미를 지향한다. 폴 틸리히Paul Tillich나 제임스 파울러 James Fowler가 주장하듯, 영성 지능이란 "나에게 무엇이 궁극적인 관 심사인가?"라는 질문에 답하는 방식을 말한다.

첫 번째 디딤판인 '태고' 단계에 있는 사람의 경우, 궁극의 관심사는 음식과 생존이다. 두 번째 디딤판인 '마법' 단계에 있는 사람의 경우, 그것은 섹스와 정서적 쾌락이다. 세 번째 디딤판인 '마법-신화' 단계에 있는 사람의 경우에는 권력과 안전이다. 네 번째 디딤판인 '신화' 단계에 있는 사람의 경우, 그것은 사랑과 순응주의적 소속감이다. 다섯 번째 디딤판인 '합리' 단계의 경우, 그것은 성취와 탁월성이다. 여섯 번째인 '다원' 단계의 경우, 가장 큰 관심사는 감수성과 배려다. 일곱 번째와 여덟 번째 디딤판, 즉 2층 수준의 경우, 그것은 애정이 깃든 수용과 포용이다. 3층의 경우, 그것은 순수한 자기 초월과 매 수준마다 증가하는 전체성을 다루는 신비적 일체성이다. 그런데 기억해야 할 것이 있다. 누구든 실제로는 어떤 특정 상태나 영역에 있으면서 동시에 어떠한 구조 수준에도 있을 수 있다(구조-단계와 상태-단계 또는 관점과 시점의 이중적인 무게 중심을 가진다)는 것이다.

영성 지능은 인지 지능, 정서 지능, 도덕 지능 등 인간이 가지고 있는 십여 개의 다중 지능 중 하나인데, 이런 지능들(발달 라인들 lines) 하나하나는 서로 아주 다른 것일지라도, 그림 3.2에 나타나 있듯이, 모두 똑같은 기본 발달 **수준**level을 거쳐서 이행해간다. 이런 발달 **수준들**(또는 의식 수준들)이 다양한 발달 라인 모두에 똑같이 적용되기 때문에, 그 수준들을 종종 이름 대신 색깔로 나타내기도 한다. 특정 명칭은 의미를 전달하는 데 매우 제한적일 수밖에 없지만, 색깔은 모든 다중 지능에 전혀 어떤 편향도 없이 적용할 수 있기 때문이다.

요약하면, 이들 다중 지능 또는 발달 라인 하나하나는 그 자체가
의식의 구조로 이루어져 있으며, 각각의 발달 라인은 발달 구조-단
계에서 색깔로 표시된 기본 발달 구조를 거쳐 전개된다. 이 색깔들
은 해당 구조의 **고도**altitude를 나타낸다('고도'란 '발달 수준'을 의미한
다). 따라서 다른 다중 지능 또는 발달 라인들 모두가 색깔별 고도
로 나타낸 기본 발달 수준을 통과해간다.

통합이론에서의 이런 발달 고도 수준 각각은 유가행파의 관점과
매우 유사한 의식 수준이다(유가행파에서는 의식 자체를 특정한 사물이
나 과정 또는 현상이 아니라, 다양한 사물, 과정, 현상이 발현하거나 현현하
는 '공간', 즉 비어 있는 공지로 본다). 의식 수준이 높으면 높을수록 그
디딤판에서 발생할 수 있는 현상의 수와 종류가 더 많아진다. 즉 발
달 수준이 증가할수록 현상의 수가 점점 더 많아진다(따라서 더 큰 의
식, 더 큰 사랑, 더 큰 도덕성, 더 큰 창조성, 더 큰 영적 포용력, 더 확장된 가
치관, 더 큰 정서 능력 등이 되는데, 이 모든 것은 철저하게 경험적으로 밝혀
지고 검증된 진실이다).

이런 기본 발달 수준들과 관련된 색깔들이 그림 3.4와 3.5에 주
요 발달 라인(인지 지능, 가치관, 자기 정체성, 세계관, 영성 지능, 욕구)별
로 그려져 있다. 그림 3.5의 오른쪽 끝에 있는 개략적인 명상 그림
에서는 사실상 어떤 라인의 구조 수준에서든 경험할 수 있는 거의
모든 명상 상태-단계를 보여준다.

한편, 영성 지능은 다중 지능 중 하나이므로(또한 지금 다루고 있는

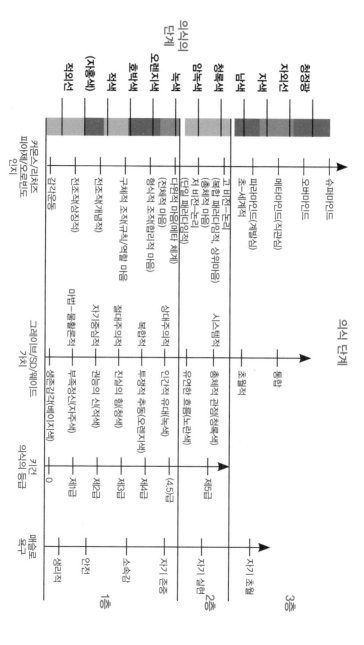

그림 3.4 주요 발달 라인별 의식의 수준

의식 단계

슈퍼마인드	
	통합
오버마인드	
	조월적
메타마인드(직관심)	
	총체적 관점(청록색)
파라마인드(개별심)	
초-세계적	중심한 흐름(노란색)
남색	유연한 흐름(노란색)
	상대주의적
청록색	인간적 유대(녹색)
	특정적 추종(오렌지색)
암류색	
녹색	절대주의적
	자신의 힘(호박색)
오렌지색	복합적
	권능의 신(적색)
호박색	
적색	마법-물활론적
	부족정신(자주색)
(자홍색)	전조작(상징적)
	생존감각(베이지색)
작의선	감각운동

의식의 등급: 제5급 / (4.5)급 / 제4급 / 제3급 / 제2급 / 제1급 / 0

매슬로 욕구: 자기 초월 / 자기 실현 / 자기 존중 / 소속감 / 안전 / 생리적

카른스/라저스 피아제/오로보르드 인지

그레이브스/SD/웨이드 가치

키건 의식의 등급

매슬로 욕구

1층 / 2층 / 3층

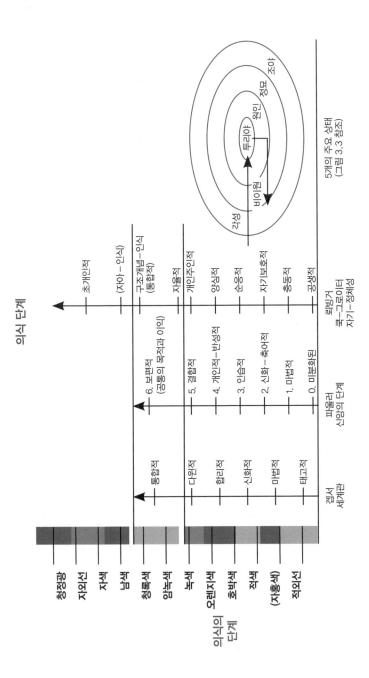

그림 3.5 주요 발달 라인별 의식의 수준(계속)

주제와 직접 관련이 있으므로), 영성 지능의 주요 단계를 좀 더 상세하게 살펴보고(이미 우리는 주된 명상 상태의 영적 경험에 대해 살펴보았으므로), 그 단계를 주요 발달 수준 각각의 몇 가지 일반적인 특징의 지표로 사용하면서 파울러의 선구적인 연구와 관련시켜볼 것이다.

4. 영성 지능

구조-단계의 다양한 관점, 특히 영성 지능 관점과 관련된 다양한 관점들에 대한 몇 가지 세부 사항이 있는데, 이들 중 상당수가 제임스 파울러의 《신앙의 단계Stage of Faith》라는 기념비적인 저술에서 최초로 제시했던 설명과 일치한다.

인류는 수백 수천 년 동안 영성 또는 종교적 지향이 부분적으로는 의식 상태의 상태-단계(시점)에 달려 있다는 것을 알고 있었다. 그러나 사람의 영적 지향이 발달 구조-단계(또는 관점)에도 의존한다는 것을 유력한 증거와 연구를 통해서 최초로 보여준 인물은 파울러였다. 물론 이 구조-단계들은 앞서 요약해서 제시했던 표준적이고 일반적인 발달 수준, 즉 태고, 마법, 마법-신화, 신화, 합리, 다원, 통합과 크게 다르지 않다. 그러나 그의 노력을 선구적인 것으로 만들어준 것은 특히 영성 지능과 관련된 실제 연구와 자료였다.

이제 중요한 구조-단계에 대해 좀 더 상세하게 설명한 다음, 불교의 구체적인 예를 각 단계별로 제시하겠다.

1. 마법적magic 관점, 또는 자홍색magenta 구조-단계

파울러는 이 단계를 '직관적·투영적'이라고 불렀다. 이 단계의 관점은 안전, 안정 및 생존, 그리고 악령을 막아주는 마법적 주문에 초점을 맞춘다. 이 관점은 대단히 인간 중심적이고 미신적이다. 환상적 사고가 지배적인데, 이런 사고는 전체와 부분을 똑같은 것으로 혼동하며, 전체와 유사한 부분들을 전체와 같은 것으로 본다(예컨대, 한 사람의 흑인이 위험한 사람일 경우, 모든 흑인을 위험하다고 본다. 이것은 편견의 기반이다). 대상에 대한 이미지와 실제 그 대상이 확실하게 분화되어 있지 않다(예컨대, 어떤 사람을 상징하는 인형을 바늘로 찌르면, 그 사람에게 진짜로 나쁜 일이 생길 것이라고 믿는다). 조상숭배가 일상적인 일이 되기 시작하고, 조상들은 종종 소원을 비는 대상이 되기도 한다. 이야기와 전설이 공동체 결속의 공통적인 원천이다. 이러한 마법적 관점의 기본 디딤판(충동, 환상, 정서적·성적)은 1인칭 시각에 국한되어 있어서, 이 수준의 사람은 다른 사람들의 구원보다 자신의 구원에 더 많은 관심을 보인다.

2. 마법 – 신화적magic-mythic 관점, 또는 적색red 구조-단계

파울러는 이 단계를 '신화 – 축어적逐語的'이라고 부른다. 마법과 신화 사이의 차이점은 기적을 일으키는 힘의 원천이 어디에 있느냐에 놓여 있다. 마법에서는 기적의 원천이 자기이다. 내가 기우제 춤을 추면, 대자연은 고분고분 비를 내린다. 그러나 신화 단계에서는 자신이 자연과 역사에 개입하여 기적을 일으킬 수 있다는 환상을 포기하였다. 그러나 비록 자신은 더 이상 기적을 일으킬 수는 없더라도, 신(또는 여신이나 다른 초자연적인 존재)은 일으킬 수 있다고 믿는다.

이 마법-신화 단계의 특징은 이전의 전능한 '마법적 자기'가 전능한 '신화적 신'으로 전이되었다는 것이다(신화적 신 자체가 신화적 존재이다. 따라서 마법-신화적이다). 나선 다이내믹스Spiral Dynamics*에서는 이 단계를 '권능의 신'이라고 부르는데, 여기에는 기적에 대한 필연적인 강조와 믿음이 있다. "나는 그런 일을 할 수 없지만, 신은 할 수 있을 것이다. 내가 신을 흡족하게 하는 제의적祭儀的 방식으로 신에게 접근한다면, 그분께서는 나에게 기적을 베푸실 것이다." 이렇게 신화적인 이야기들이 발달하기 시작하고, 마법적 주문 외우기가 신과 올바른 관계를 맺도록 해준다고 믿는다. 그렇게 올바른 관계가 맺어지면 신은 나의 편에 서서 자연과 역사에 관여하게 될 가능성이 커질 것이다.

이런 관점을 지지하는 기본 디딤판은 여전히 대체로 1인칭 시각에 한정되어 있어서, 자기애적인 권력이 주요 관심사이다(자신에게나 신성에게나 모두 '권능의 신'이다). 이 단계의 신은 강력하고 분노에 차 있으며 복수심에 불타는 존재이다. 이 단계의 관점에는 여전히 미신적이고 자기 중심적이며 물활론적인 관점들이 주입되어 있다.

• 나선 다이나믹스(또는 스파이럴 다이나믹스)는 개인, 조직 및 사회의 진화 발달에 대한 설명 모델로, 처음에는 벡Don Edward Beck과 코원Christopher Cowan이 그레이브스Clare W. Graves의 '창발적인 순환 이론'을 기반으로 개발했으며, 이후 벡은 윌버의 통합이론을 추가해서 통합적인 형태의 나선 다이내믹스(SDi)를 제안하였다.

3. 신화적mythic 관점, 또는 호박색amber 구조 - 단계

파울러는 이 단계를 '합성적·관습적'이라고 부른다. 기본 구조 디딤판이 2인칭 시각을 채택하여 타인의 역할을 취할 수 있으며, 자신의 관점을 자아 중심에서 민족 중심으로 전환시키기 때문이다. 따라서 그 사람의 정체성도 개별적 자기에서 집단(씨족, 부족, 종교집단, 정당, 지역사회, 국가)으로 확장된다. 그 사람의 도덕성도 마찬가지로 자아 중심에서 강력한 순응주의로 바뀐다("옳든 그르든 나의 조국, 옳든 그르든 나의 종교, 옳든 그르든 나의 집단"). '우리'와 '그들' 사이에 확고한 경계선이 그어지며, 종교적으로 나의 집단은 신이 선택한 '선민'이다. 자신의 일생을 '성전聖戰'에 바치게 되고, 이교도를 전향시키거나 죽이고자 하는 열망에 바치게 된다. 이교도를 죽이는 것은 죄가 아니라 종교적으로 조장되는 행위이다.

이들은 신의 진리를 이해하고자 하는 강렬한 욕망을 가지고 있으며, 종종 그 진리가 성서나 코란, 정토경, 모택동의 저서 등 한 권의 책에 들어 있다고 믿는다. 이러한 책들은 대개 신화적 이야기로 이루어져 있는데, 이를 문자 그대로 진실하고 절대적인 것으로 여긴다(엘리야는 정말로 산 채로 마차를 타고 승천했다, 신은 정말로 이집트 백성에게 메뚜기 떼 비를 내리셨고 그들의 모든 장자를 죽였다, 노자는 태어났을 때 정말로 900살이었다, 등등). 신의 말씀을 믿는 자들은 천국행이고, 믿지 않는 자들은 영원한 지옥 불에 떨어지도록 되어 있다.

이런 관점을 지지하는 **구체적 조작 단계**의 마음(규칙-역할 마음)은 규칙과 자신의 역할을 매우 중요한 것으로 여겨서, 반드시 따르지 않으면 안 되는 것으로 믿는다. 규칙을 깨거나 역할을 위반하면 신으로부터 벌을 받게 된다(만일 이 단계가 제도화되어 있다면 파문을 당한다). 카스트 제도나 교회와 같이 엄격한 사회적·종교적 계급체계가 일반적이다. 선택된 집단 내부의 사람들끼리는, 모두가 신의 선택된 자식이므로 사랑과 자비가 장려된다. 집단 외부에 있는 사람들에게는 개종이나 고문, 살인 등이 그 선택지이다. 좀 더 온건한 신자들은 자선과 선행을 베푸는 것이 일반적인데, 그 이유는 최소한 이교도들이 그 선택된 집단으로 개종할 가능성이 있다고 믿기 때문이다.

4. 근대-합리적modern-rational 관점, 또는 오렌지색orange 구조-단계

파울러는 이 단계를 '개인주의적-반성적'이라고 부르는데, '반성적'인 이유는 **형식적 조작 단계**의 마음(합리적 마음)이라는 기본 디딤판에 3인칭 시각이 추가되었기 때문이다. 개인은 이 3인칭 시각으로 인해 자신의 경험과 신념에 대해 더 반성적이고 객관적이며, 비판적·회의적인 관점을 취할 수 있게 된다. 이 관점의 일반적인 명칭인 '합리적'이라는 말은 '무미건조하고 추상적인' '한발 물러선' '심하게 분석적인' 것을 의미하기보다는, '만일 이럴 경우' '마치 그런 것처럼' 같이 조건적으로 세계를 이해할 수 있다는 것을 의미한다. 따라서 신화적 종교 신앙이 문자 그대로 진실인지에 대해 의문을 제기할 뿐만 아니라, 그런 것들을 상징적이고 비유적인 의미로 읽기 시작한다.

이 단계에서의 믿음은 증거와 보편적인 합당성에 기초하는 경향이 있다. 인종·피부색·성별·신조·종교에 관계없이 모든 사람을 공정하게 다룬다. 영성 지능과 관련해서, 무신론자든 회의론자든 종교인이든, 그들 모두가 논리, 증거, 반성적 숙고를 통해 자신들의 결론에 도달하였다면, 그들 모두 합리적 수준에 있다고 할 수 있다. 여기에는 '반드시 논리만이 유일한 지식 형태는 아니며, 직관적인 다른 양식도 똑같이 고려할 만한 가치가 있다'는 식의, 논리적으로 더 완벽한 결론도 포함된다.

예컨대, 토마스 제퍼슨이 백악관 계단에 앉아서 자신의 성경책을 가위로 마구 잘라냈던 것은, 이런 합리적 검사를 통과한 부분만 남겨 놓고 나머지 다른 부분은 거부했던 것이다. 저명한 기독교 신학자인 존 셸비 스퐁John Shelby Spong 주교가 자신의 성경책에 이와 비슷한 일을 한 것도, 자신의 종교적 믿음이 유치한 신화가 아니라, 이성과 증거에 기반을 두도록 믿음의 기초를 변화시키고자 한 것이었다. 그러므로 합리적이고 다원론적인 관점에서 본다면, 그 역시 기독교 신앙의 핵심적인 면에서는 여전히 강력하고 헌신적인 신자였다.

불교는 출발 때부터 교리나 권위, 또는 막연한 신앙에 기반을 둔 것이 아니라, 적어도 합리적인 관점(신화적 신이나 여신 등도 거의 없는)에 기반을 두었다. 따라서 자신의 경험과 이성으로 직접 검토하는 쪽을 택했다(뒤에서 보겠지만, 물론 모든 불교 신자들이 그런 수준에서 살고 있었던 것은 아니다).

5. 탈근대·다원적postmodern-pluralistic 관점, 또는 녹색green 구조-단계

파울러는 이 단계를 '결합적'이라고 부른다. 다원적 마음이라는 기본 구조 디딤판에 의해 지지되므로, 이 관점은 가능한 한 많은 시각을 취하려고 한다(하지만 이런 시도는 다음 단계인, 전체적·통합적 단계에서나 진정한 결실에 도달한다). 2층의 진정한 전체론에 한발 못 미쳐 있긴 하지만, 이 관점은 전체성, 화해, 비주변화非周邊化에 깊은 관심을 보인다.

다른 종교들을 수동적으로 수용할 뿐 아니라, 종종 적극적으로 받아들이기도 한다. 이 관점은 다른 관점들에 대해 그저 참고 견디는 정도가 아니라, 종종 실제로 그들을 이해하려 하고 자신의 세계관에 그런 관점들을 포함시키려고 한다. (그러나 이런 접근은 여전히 1층에 속해 있고, 더구나 이 다원적인 입장만이 유일하게 진실한 입장이라고 믿고 있어서 궁극적으로는 성공하지 못한다. 말하자면, '이 세계에서 어떤 것도 다른 어떤 것보다 더 우월하다고 할 수 없다'라고 하는 자신의 관점만은 '우월'하다고 믿음으로써, 올바른 길을 찾을 수 없었던 포스트모더니즘의 모순과 같다는 것이다.)

그러나 굳이 말하자면, 다원적 관점은 '거의 통합적'이거나 또는 '반쯤 통합적'인 입장으로, 자신의 것에서 가장 편안함을 느끼긴 하지만 종종 다른 종교의 측면을 자신의 것에 포함시키려고 한다. 이 수준은 전통적인 위계를 해체시키고, 억압받고 혜택받지 못한 사람들을 강력하게 대변하며, 세계적이고 친환경적(생태 중심적)인 것에 대한 강한 감수성을 갖고 있다. 특히 '위대한 생명의 망'과 '우주 이야기'인 자연 신비주의와 3인칭 영spirit에 개방되어 있다. 사회적 활동에 참여하고 있고, 소수자의 권리와 페미니즘을 적극적으로 지지하며, 생활 전면에 걸쳐 지속 가능성을 주창한다.

이 관점은 1960년대 학생운동 기간에 시작해서, 상당 정도 진화한 다원적 마음이라는 기본 구조에 의해 지지되는 비교적 새로운 관점이다. 1960년대의 학생운동 자체가 대체로 이 단계에서 추진되었다. 영성 지능이 이 수준에 있는 사람은 유신론적이거나 무신론적, 또는 회의론적일 수도 있을 뿐만 아니라, 이 발달 고도에서 내린 결론인 한, 그들 중의 어떠한 조합일 수도 있다.

이 단계에서 가장 주목할 만한 특징 중 하나는, 그것이 어떤 형태의 위계도 부정하고 비난한다는 것이다. 그런데 문제는 이 단계에서 지배자 위계(이것은 정말로 역겹다)와 실현 위계(이 위계는 인간을 포함한 자연계에서 볼 수 있는 대부분의 성장과정의 형태이다) 간의 차이점을 전혀 구별하지 못한다는 점이다. 지배자 위계에서는 소수의 상위 수준이 다수의 하위 수준을 지배하고 억압한다. 실현(성장) 위계에서는 상위 수준으로 올라갈수록 점점 더 포용적으로 된다. 예컨대, 자연계의 중심적인 성장 위계는 원자에서 분자, 세포, 유기체로 이어지는 위계이다. 이 위계에서 각각의 상위 수준은 자신보다 아래에 있는 수준들을 포용하고 받아들인다. 상위 수준은 하위 수준을 억압하지 않는다(분자는 원자를 억압하거나 미워하지 않는다. 오히려 분자는 원자를 기꺼이 받아들인다).

이 단계에서 모든 위계를 비난하기 위해 가장 일반적으로 사용하는 증거로는 캐롤 길리건Carol Gilligan이 쓴《다른 목소리로In a Different Voice》라는 책일 것이다. 이 책에서 길리건은 남성과 여성이 다른 식으로 생각한다고 주장한다. 남성은 권리, 정의, 자율, 위계를 강조하고, 여성은 관계, 배려, 교감, 비위계성의 입장에서 생각한다는 것이다. 이를 근거로 많은 페미니스트들은 세상에서 가장 썩어빠진 것은 남성 위주의 가부장제이고, 모든 남성들은 위계적으로 생각한다고 하였다. 더군다나 지배자 위계는 나쁜 것이므로, 모든 위계는 나쁜 것이라고 주장했다.

그러나 이 단계에서는 길리건이 그녀의 책에서 제시한 두 번째 주장을 의도적으로 간과하였다. 길리건은 남성은 위계적으로, 여성은 비위계적으로 생각하는 것은 맞지만, 남녀 모두 똑같은 네 개의 주요 위계적 단계를 통해 발달한다고 지적했다. 길리건은 여성들의 이 위계적 단계를 '이기(자아 중심)' '배려(이 단계에서 관심은 자신에서 집단으로 확장된다. 민족 중심)' '보편적 배려(모든 사람에 대한 배려-세계 중심)' 및 '통합(남녀 모두 대립적인 양성의 방식을 통합한다)'이라고 불렀다. 바꿔 말하면, 여성의 비위계적인 사고가 네 개의 위계적 단계를 통과해가면서 발달한다는 것이다. 이것이 성장 위계이다.

그러나 페미니스트들은 모든 위계를 파괴함으로써 모든 여성의 성장 가능성을 제거해버린 것이나 다름없다. 아무리 부드럽게 표현하더라도 매우 불행한 조치가 아닐 수 없다. 다원적 관점은 모든 위계를 뭉개버림으로써, 바로 그런 불행한 조치를 취한 것이다. 요즘 말로 하면 그런 위계들을 평준화시켰다고 할 수 있다. 그렇게 모든 지배자 위계를 용맹스럽게 해체하면서, 탈근대주의는 모든 성장 위계마저도 비참하게 해체·파괴하고 말았다. 이는 문화적인 재앙일뿐만 아니라 영적인 재앙이기도 했다. 그렇긴 하지만 모든 위계나 서열을 부정하는 것은 다원적 발달 수준에 도달해 있다는 가장 확실한 지표 중 하나이다.

6. 통합적integral 관점, 또는 암녹색teel과 청록색turquoise 구조-단계

파울러가 '보편화'라고 부르는 이 단계는 구조에 관한 한 오늘날의 진화에서 가장 첨단에 있는 단계이다. 천 년 전 또는 그 이전에는 통합 수준에 도달한 선구자가 극히 드물었다는 사실은 말할 것도 없고, 1970년대에도 겨우 인구의 1퍼센트 정도만이 2층2nd tier에 도달했고, 21세기에 들어와서야 비로소 5퍼센트를 상회하는 것으로 나타났다. 불과 십수 년 전의 일이다. 통합 수준이 어떠한 발달 라인에서 나타나건, 거기에는 결합하는 패턴, 다양성 속에서의 통일성, 모든 부분성과 함께하는 전체성, 모든 다수성과 나란히 있는 단일성 등을 찾아내려는 충동이 수반된다. 통합 모드mode의 출현(오늘날 비록 5퍼센트에 지나지 않기는 하지만)은 진화 자체에 있어서 기념비적인 전환점이 될 것이고, 그 영향력은 상당할 것이다.

초기와 후기 비전-논리(암녹색과 청록색)에 의해 지지되는 통합 단계, 즉 디딤판 7-8의 특성 몇 가지를 상기해보자. 이 수준에서는 '전체성' '결합성' '다양성 속의 통일성'을 인식한다. 무엇보다 이 수준은 2층에 해당한다. 자신의 진실과 가치만이 현실 세계에서 유일한 진실이라고 믿는 1층의 관점과는 달리, 2층은 이전의 모든 단계, 디딤판, 관점들이 담당해왔던 중요한 기여를 인식한다.

무엇보다도, 진화의 각 단계가 앞 단계를 초월하고 포함해가면서, 하급 수준들은 이어지는 상급 수준들의 성분, 즉 **하위 홀론** subholon*이 된다는 사실을 인식한다. 중성자 전체는 원자의 부분이 되고, 원자 전체는 분자의 부분이 된다. 분자 전체는 세포의 부분이 되고, 세포 전체는 유기체의 부분이 된다. 각각의 단계는 전체이자 부분, 즉 홀론이며, 그렇게 이루어진 위계가 바로 성장 위계이다. 통합 단계는 이러한 사실을 직관하며, 인간에게서뿐만 아니라 빅뱅으로 거슬러 올라가기까지 우주 전체에서 일어났던 이전의 모든 발달단계의 중요성을 인식한다.

통합적 관점은 자기 자신을 우주 전체와 본질적으로 이음새 없이 하나로 짜여 있는 것으로 본다. 그것은 하나로 연결되어 있는, 활력이 넘치고 살아 있는, 창조적이고 의식적인 우주이다. 상위의 전체로 진화하려는 **온우주**의 근본적이고 본질적인 진화 충동은, 티끌로부터 포유류를 만들어내고 태고 수준으로부터 통합 수준을 만들어낸 힘이다. 이 힘은 화이트헤드가 "참신성을 향한 창조적 진보"라고 불렀던 바로 그 충동이다(통합이론에서는 이 충동을 "에로스"라고 부

---

* 부분으로서 전체의 구성에 관여하는 동시에 각각이 하나의 전체적·자율적 통합을 가진 것을 홀론holon이라 한다. 따라서 하위 홀론 역시 상위 홀론의 부분이면서 또한 그 자체로는 전체이다. 유기체를 구성하는 기관器官, 기관을 이루는 세포, 세포를 이루는 분자와 같은 단위가 하위 홀론이다. 홀론이라는 개념을 최초로 제창한 인물은 쾨슬러Koestler이다.

른다).

통합 수준은 창조적이며 대단히 의식적이다. 매 순간이 새롭고 신선하며, 자발적이고 살아 있다. 이 수준은 앎과 느낌, 의식과 존재, 인식론과 존재론의 통합을 시도하는 최초의 단계이다. 이 수준에서는 그런 것들을 조각내어 그중 하나를 다른 것의 '기반'으로 삼으려고 하지 않고, 그것들을 이음새 없이 동일한 전체의 상보적인 측면으로 보고 느낀다. 이들은 분리된 반영이나 표상으로서가 아니라, 네 사분면 전체에서 일체화되어 서로 반향하는 방식으로 작동한다.

따라서 이전의 다원적 관점과는 달리, 통합적 관점은 뉴에이지의 그럴듯한 신비주의적 수용이 아니라, 속속들이 서로 깊이 연결되어 있는 의식적인 우주를 보여준다는 의미에서 정말로 전체적이다. 앞에서 보았듯이, 다원적 관점은 전체적이고 모든 것을 포용하고자 하며 비주변화를 원하지만, 근대 합리적 관점을 몹시 싫어할 뿐만 아니라 전통적인 신화적 관점도 절대로 못 견디며, 통합적인 관점과는 마주치는 것조차 끔찍이 싫어한다.

하지만 통합 단계는 진정으로 포용적이다. 처음으로 이전의 모든 구조 디딤판들은 통합 구조 디딤판, 즉 비전-논리의 성분으로 포함되며, 이는 이 단계에서 직관된 사실이다. 물론 이전 단계의 관점들은 부정되므로, 통합적 관점에 있는 사람은 마법적 관점, 신화적 관점, 합리적 관점 등을 직접 포함하지는 않는다. 자명한 일이지만, 직접적으로 이전의 특정 관점을 갖는 일은 불가능하다.

관점은 '중심 자기'가 특정 발달 디딤판과 배타적으로 동일시할 때 만들어진다. 합리적 관점에 있는 사람은 그 단계에 상응하는 디딤판, 즉 여러 규칙을 아우르는 규칙(형식 조작적 마음)과 배타적으로 동일시한다. 그런 사람이 가령 마법적 관점에 직접 접근하려 할 경우, 이 마법적 관점은 충동적·환상적 또는 정서적·성적 디딤판과 배타적으로 동일시한 관점을 의미하므로, 그 사람은 합리적 마음을 포기해야만 할 것이다. 그뿐 아니라 구체적 마음도 포기해야 할 것이고, 표상적 마음과 언어 능력도 모두 포기하고 전적으로 충동적인 마음으로 퇴행해야만 할 것이다(이는 극심한 뇌 손상이 일어나지 않는 한 일어날 수 없는 일이다).

합리 수준의 사람도 여전히 정서적·성적 디딤판에 접근할 수는 있지만, 그 디딤판에서 본 배타적인 관점을 가질 수는 없다. 따라서 앞에서 보았듯이, 디딤판들은 포함되지만 관점들은 부정된다. (실제 사다리 위에서, 가령 당신이 사다리 일곱 번째 디딤판에 있을 때, 이전의 여섯 개 디딤판 모두 여전히 존재하지만, 일곱 번째 디딤판 위에 서 있으면서 그 이전 디딤판에서 보았던 세계를 직접 볼 수는 없는 것과 같다. 모든 디딤판은 그대로 있지만, 이전 디딤판에서 본 세계는 그 디딤판에서 발을 떼서 위로 올라설 때 이미 사라졌고, 올라서 있는 가장 높은 디딤판에서 본 관점, 이 경우에는 일곱 번째 관점만 남게 된다.)

따라서 통합 수준에 있는 사람은 자신들의 구조 내에서 초기 관점들(태고, 마법, 신화 등)에는 직접적으로 접근하지 못하지만, 그런 관점을 지지했던 초기의 모든 디딤판(감각 운동적, 정서적·성적, 개념적, 규칙·역할 마음 등)에는 접근할 수 있다. 따라서 통합적 수준에 있는 사람들은 일반적으로 특정인의 무게 중심이 어떤 디딤판에 있는지를 직관할 수 있으며, 그 사람이 표현하는 관점이나 세계관이 어떤 것인지(마법, 신화, 합리, 다원 등)를 간접적으로 이해할 수 있다. '그런 세계관을 포함한다'라는 말은, 통합 수준에 있는 사람들은 그런 관점들에 대해 매우 관용적이며, 자신들의 전체적 관점의 도달 거리 안에 그런 관점들이 함께할 수 있도록 여지를 만든다는 의미이다. 그들은 그런 관점들에 완전히 동의하지는 않지만(저급 관점은 초월하고 부정했으며 사라지게 했기에, 자신들의 구조 내에서 동의하지는 않는다), 진화적 발달 전개 과정에서 등장했던 모든 관점의 유의미함과 중요성을 직관적으로 이해한다.

더욱이 그들은, 누구든 어떠한 단계와 그 단계의 관점에서 성장을 멈출 권리가 있다는 점도 이해한다. 따라서 어떤 사람에게는 특정 단계의 관점이 실질적으로 그들 인생의 마지막 정거장이 될 것이고, 그들의 가치, 욕구, 동기는 그 특정 관점의 표현일 것이라는 점을 이해한다. 따라서 정말로 포용적인 계몽 사회라면, 전통 가치, 근대 가치, 탈근대 가치 등이 어떤 식으로든 각기 자신의 자리를 차지할 수 있도록 여지를 만들어줄 것이다.

모든 사람은 동일한 출발점에서 태어난다. 그러므로 관점의 발달은 최하위 디딤판에서 시작하며, 그곳에서 계속 발달해간다. 따라서 전반적인 스펙트럼상에서 볼 때, 어떤 사회든 다른 디딤판과 다른 관점에 있는 사람들의 혼합으로 이루어지게 마련이다. 예컨대, 대다수 서양 국가의 경우(정확하게는 어떻게 측정하느냐에 따라 달라지긴 하겠지만), 일반적으로 인구의 약 10퍼센트는 마법 수준에, 40퍼센트는 전통적인 신화 수준에, 40-50퍼센트는 근대 합리 수준에, 20퍼센트는 탈근대 다원 수준에, 5퍼센트는 전체·통합 수준에, 그리고 1퍼센트 이하는 초통합 수준에 있을 가능성이 있다. (약간의 중첩이 있기 때문에 합계가 정확하게 100퍼센트는 아니다.)

통합 관점만이 포용성에 대해 진정으로 이해한다. 이는 진화가 통합 수준으로 이행해감으로써 사회는 역사상 가장 중요한 변환을 맞이하고, 진정으로 포용적인 사회로 나아가게 된다는 것을 의미한다. 이전에는 결코 그와 같은 일이 있어본 적이 없었다. 전에는 **층 변형**tier transformation이 일어난 적이 전혀 없었기 때문이다. 이전의 모든 변형은 1층 내에서의 단계 변형이었다. 그러나 녹색 다원론 단계에서 암녹색/청록색 통합 단계로의 변형은 단계의 변형이면서 또한 1층에서 2층으로의 층 변형이기도 하다. 이런 일은 대단히 극적이고 혁신적인 일일 뿐만 아니라 전혀 전례가 없는 일이기도 하다. 우리는 모든 디딤판과 모든 관점이 어우러진, 근본적으로 포용적인 사회를 어떻게 구축할 수 있는지에 관한 어떤 사례도 갖고 있지 않다. 하지만 그런 사회는 모든 관점에게 발언권을 줄 것이다. 발달의 모든 단계가 삶의 정거장으로 환영받을 것이므로, 아마도 비중은 다르겠지만 모두에게 발언권이 주어질 것이다.

영성 및 영성 지능과 관련해서 볼 때, 통합영성이란 모든 종교가 단 하나의 보편적인 종교로 녹아드는 것을 의미하는 것이 아니다. 이는 '국제적인 스타일의 요리'가 모든 음식이 이탈리아식으로 녹아드는 것을 의미하지 않는 것과 마찬가지이다. 통합영성은, 영성 지능이 통합 단계에 있는 사람들이 자신들의 신앙에 대한 통합적 설명과 이해를 요구할 것이라는 점을 시사한다.

조금씩 다른 몇 가지 통합 모델이 있긴 하지만, 이들이 제시한 발달단계의 특징은 각 단계가 갖고 있는 특별한 내용에 관한 것이 아니라, 사고의 복잡성 정도와 그들이 사용할 수 있는 의식의 정도에 관한 것이라는 점을 상기하기 바란다(또는 그 수준 고유의 시각의 수. 태고와 마법-신화 수준은 1인칭 시각이고, 신화 수준에서는 2인칭 시각이 추가되며, 합리 수준에서는 3인칭, 다원 수준에서는 4인칭, 전체 및 통합 수준에서는 5-6인칭, 초Super통합에서는 7인칭 이상의 시각이 추가된다). 그러한 복잡성과 의식 수준 내에서, 여러 다른 유형의 모델이 있을 수 있다는 것이 포인트이다.

하지만 진정으로 통합적인 모델이라면, (그 핵심적인 것이 타당한 한) 다른 모델의 핵심 사항도 포함하고 싶어 할 것이기에, 이런 모델들은 하나로 통합되는 경향이 있을 것이다. 바로 이런 것이 모든 4분면, 모든 수준, 모든 라인, 모든 상태, 모든 유형을 나타내는 AQAL 통합 모델*이 시도하는 것이다. 그리고 이 모델을 하나의 표준 틀로 사

---

* AQAL(아퀄) 모델은 기존의 여러 통합적인 형태의 이론들 중, 특히 켄 윌버의 통합이론을 일컫는 명칭이다. AQAL은 '모든 사분면All Quadrants과 모든 수준All Levels'의 줄임말로, 여기에는 모든 라인All Lines, 모든 상태All States 및 모든 유형All Types도 포함된다. 인류 역사상 지금까지 등장한 모든 지식과 이론 및 방법론을 하나의 일관된 형태로 통합할 수 있는 이론들의 이론, 즉 메타이론이라고 할 수 있다.

용함으로써, 실로 어떠한 통합적 영성도(기독교든, 불교든, 이슬람교든, 힌두교든, 유대교든) 몇 가지 요소들을 포함하게 될 것이다. 그 요소들은 자신의 전통에서 찾아낸 것일 수도 있고, 필요할 경우 다른 전통이나 인문학, 또는 과학으로부터 들여온 것일 수도 있을 것이다.

다음 장에서는, 일어날 가능성이 있는 '불교의 제4회전', 즉 통합영성/통합불교와 관련해서 이런 새로운 요소들을 요약해서 살펴볼 것이다.

4

더 통합적인 영성의 예

이미 존재하는 영적인 틀들이 더욱 새롭고 포용적이며 통합적인
것이 되려면, 그 영적인 틀에 무엇이 추가되어야 할까? 불교에 더
통합적인 영적 진실, 즉 법륜의 제4회전을 가져오기 위해서, 그리
고 영성이 근대와 탈근대 시대에 그저 당혹스러운 것이 아니라 그
시대와 공존할 수 있기 위해서는 기존의 영적 틀에 무엇이 추가되
면 좋을 것인가? 임마누엘 칸트는 '만일 당신이 방에 들어서서 어
떤 사람이 기도하고 있는 것을 보았을 때 그가 당혹스러워한다면,
그 시대는 필경 근대 세계일 것이다'라고 말한 바 있다. 어떤 종류
의 영성이라야 당혹스럽지 않은 것이 될 수 있을까? 내가 결정적
으로 가장 중요하다고 생각하는 일곱 개의 추가 요소들은 다음과
같다.

1. 디딤판과 관점

발달 구조structures와 구조-단계, 또는 디딤판rungs과 관점views에서 시작해보자. 어떤 통합영성이든, 주요 발달 수준에 따라 그에 적합한 언어로 해석한 관점들을 자신의 기본 원칙에 포함시키고 싶을 것이다. 마법적 가르침, 마법-신화적 가르침, 신화적 가르침이 있을 수 있는가 하면, 합리적 가르침, 다원적 가르침, 통합적 가르침, 초통합적 가르침도 있을 수 있다. 핵심 포인트는 어떠한 신앙체계에서도 그 신앙의 아동기를 마법 단계의 가르침에서 시작할 것이라는 점이다.

이 마법적 가르침에서는 그 전통의 영웅들, 즉 성자나 현자, 대가들이 슈퍼맨이나 슈퍼 영웅처럼 다뤄지는데, 토요일 아침 아이들을 위해 방영되는 만화에 등장하는 슈퍼 영웅과 매우 흡사하다. 그들 대부분은 마법적 관점을 완벽하게 반영한다. 이런 슈퍼 영웅들은 하늘을 날고, 물 위를 걷고, 벽 너머를 투시하고, 죽은 자를 살려낼 수도 있다. (이것은 이 종교가 우리를 슈퍼맨으로 만들어줄 것이라는 메시지를 주기 위한 것이 아니라, 단지 종교적 수행이 많은 강력한 이익을 가져다줄 것이고, 인생의 많은 난관을 헤쳐나가는 데 도움을 줄 것이라는 메시지를 주기 위한 것일 뿐이다.)

어린이가 초등학교에 들어갈 만큼 성장하면, 마법적 가르침은 '마법-신화적' 가르침, 즉 '권능의 신Power Gods' 단계의 가르침으로 바뀐다. 이 단계는 기본적으로 여전히 자아 중심적인 사고의 특징을 반영하지만, 권력에 대한 충동과 매력이 새로이 추가되며, '기적'의 원천이 자기 자신으로부터 힘 있는 강력한 타자에게로 이동한다. 이때 '주 하나님'으로서의 '영'의 차원을 열어주며, 대가, 스승, 현자와 같은 식견 있는 타자들로부터 도움과 조언을 받을 수 있다고 가르친다.

초등학교 고학년에 접어들어 청소년기 초기에 이르게 되면, 마법-신화는 순수한 신화 단계로 전환된다. 이 단계는, 집단에 대한 순응주의를 지향하게 되어, 이 시기에 매우 특징적인 규칙/역할 마음과 또래 압력에 민감하게 된다.

청년기 후기와 성인기 초기에는 민족 중심적 신화 단계에서 세계 중심적 합리 단계로 이행해가는 결정적으로 중요한 변형이 일어나는데, 이는 아마도 2층 이전에 일어나는 가장 중요한 변형일 것이다. 여기서 눈여겨봐야 할 점은, 합리적 사고를 통하여 우주적인 영적 차원에 대한 수많은 증거가 있음을(특히 명상을 포함할 경우) 보여준다는 점이다. 영적 차원에 대한 사유는 다음과 같은 내용을 포함한다.

- '우주'라는 옷감으로 짜여져 있는 궁극적 실재를 여실히 볼 수 있는 인류의 최고 의식 상태
- 진화 자체가 보여준 '참신성으로의 창조적 진보'
- 모든 사물과 사건은 얼핏 분리된 것처럼 보이지만, 서로 짜여 있고 얽혀 있으며, 상호 규정되고 연결되어 있다는 수많은 과

학적 증거

- 우주 전체에 편만한, 거부할 수 없는 실재로서의 '의식'의 현존
- (가장 중요한 것으로,) 관조에서 최상의 요가에 이르는 패러다임, 훈련, 모범을 실천함으로써, 영의 실존에 대한 실험적인 증명(이것은 신앙으로 받아들인 신이 아니라 개인의 직접적인 경험에 기초한 신이다.)

합리적 관점의 중요한 특징은 **3인칭 시각**을 도입했다는 점인데, 합리적 관점이 오늘날의 세계에서 매우 중요하게 여겨지도록 만든 것은 바로 이것이다. 이 3인칭 시각은 종교를 **민족 중심적**인 '우리 대 그들'에서 **세계 중심적**인 '우리 모두'로 이행시킨다. 그럼으로써 모든 사람은 인종, 피부색, 성별, 신념과 관계없이 똑같이 대우받는다. 합리적 단계에서 영성 지능의 주요 목표는 전통으로부터 신화적 성질을 제거하는 일이다. 즉 인류의 아동기 시절의 마법 및 신화 요소의 특징들을 말끔하게 청소하는 일이다. 이 아동기적 특징들은 오늘날에도 여전히 경험될 뿐만 아니라, 다수의 주요 세계 종교들이 수립되었던 수천 년 전에 경험되었던 것이기도 하다. 하지만 영은 계속해서 진화해왔으므로, 영성 역시도 그렇게 진화해야만 할 것이다.

계속 성장하여 성인기에 들어서면, 합리적 관점은 다원적 관점에게 길을 내주게 된다. 계속되는 인생의 경험들은, 어떤 문제를 다루는 데에서 획일적 합리성보다 훨씬 다양하고 나은 시각이 있음을

보여줄 것이고, '이 하늘과 땅에는 그대의 철학에서 꿈꾸는 것보다 훨씬 많은 것들이 있다'는 것을 알려준다.

다원적 단계에서는 포용적이고 사회 참여적이며, 지속 가능하고 비강압적인, 그러면서 환경적으로 건전한 신앙이 되고자 노력한다. 다원적 관점의 영성은 정치적으로 민감하며(통상 진보적이다), 관용적이고자 적극적으로 시도한다(하지만 여전히 신화, 합리, 통합 등 다른 수준의 가치체계는 싫어한다). 다원적 관점은 의식적 자본주의, 의식적 양육, 의식적 노화 등과 같이 '의식적conscious'인 것에 큰 관심을 보이며, 페미니스트, (흑인)여성주의womanist, 최근에는 남성주의에도 관심을 기울인다. 그리고 관계 지향적이다("새로운 붓다는 승가僧家·Sangha일 것이다"). 다시 말하지만, 영성 지능이 다원적 단계에 있는 사람은, 다원적인 마음과 4인칭 시각으로 결론에 도달하는 한, 전적으로 무신론자atheist일 수도 있고 유신론자theist일 수도 있는가 하면, 비신론자non-theist이거나 회의론자agnostic일 수도 있다는 점을 상기하는 것이 중요하다.

이제는 고등학교에서 좀 더 일찍 단순화된 통합 모델과 통합 지도를 소개하는 것이 가능해졌다(그렇게 일찍 시작하라는 추천도 많다). 발달을 스스로 일어나도록 내버려둘 경우, 통합 단계는 중년기 초기에 출현하는 경향이 있는데, 그 주된 이유는 단순히 시간 때문이다. 하버드 대학 발달학자 로버트 키건Robert Kegan은, 주요 발달 수준이 한 단계 성장하는 데는 평균적으로 대략 5년이 걸린다고 추정한다. 통합 단계는 대략 7번째 주요 발달 수준에서 출현하므로, 일반적으로 35세경이 될 것이다. 그러나 점점 더 많은 사람들이 통합 단계로 이행해갈수록, 최초 또는 초기의 통합적 관점이 고등학교 후반부나 대학 초반부부터 발달할 가능성이 높아질 것이다.

그건 그렇고, 영성에서 통합적 관점은 앞에서 통합 단계 일반을 논의하면서 간단히 요약했던 주요 특징들을 가지고 있다. 다른 모든 종교를 액면 그대로 포함하려고 하지는 않겠지만, 의식의 **구조-단계**와 **관점**을 비롯해서 내가 지금 열거하는 모든 요소들을 포함하길 원할 것이다. 통합영성에서는 사람들이 여러 단계를 통과해가면서 성장하고 발달한다는 점을 잘 이해하고 있다. 이런 이해에는 영성에 대한 각 단계의 관점과 이해도 포함된다. 따라서 영적 가르침 자체도 마법, 신화, 합리, 다원, 통합, 초통합 등 각자가 처해 있는 단계에 맞춰서 적절한 언어로 제시될 것이다.

통합영성에 포함될 만한 그밖의 요소들로는(잠시 뒤에 개요를 설명할 것이다) 의식 상태와 상태-단계들(즉 시점들), 전반적인 발달의 이중 무게 중심(관점과 시점), 사분면(즉 영의 1-2-3. 뒤에서 설명한다), 주요 유형론들(에니어그램 같은), 그리고 그림자와 그림자 작업 등이 있다.

통합영성은 사람들이 그들의 기질을 구성하는 몇 가지 중요한 차원, 예컨대 주요 **시각 지향성**perspective orientation(사분면quadrant), 일반적인 주요 발달 수준(구조 무게 중심), 주요 상태 무게 중심, 주요 성격 유형, 다양한 무의식적 요소들(그림자)을 가지고 있다는 것을 알고 있다. 또한 통합영성은 영spirit이 그 모든 것들 안에서, 그 모든 것들을 통해서 작용한다는 것을 인식하고 있다. 그런 차원 중 어느 하나라도 (적어도 단순화하거나 개괄적으로라도) 고려하지 못한다면, 우리는 그 차원의 영을 무참하게 무시하고 부정하게 될 것이다. 그런 일은 우리가 지닌 여러 눈(육안, 심안, 영안) 중에서 특히 영적인 눈을 감고서 세계에 다가가는 것과 같을 것이다. 신이 우리에게 도달하려고, 우리와 만나려고, 우리에게 말하려고, 우리를 깨우려고 애쓰는 가장 중요한 길을 차단한 채, 마비된 다리로 절뚝거리고 비틀거리면서 세계에 다가가려는 것과 같을 것이다. 통합영성은 우리에게, 자기와 문화와 자연 전체에 걸쳐 있는 물질, 신체, 마음, 혼, 영에 다가갈 것을 요구한다. 그 이상도 이하도 아니다.

끝으로, 아직 잠정적이기는 하지만, 영성 지능의 진화에서 드러난 현재의 꼭짓점 너머에는 3~4개의 더 높은 발달 수준이 놓여 있다. 이 구조-단계를 개별적으로는 '파라마인드' '메타마인드' '오버마인드' '슈퍼마인드'라고 부르고, 집합적으로는 **3층** 3rd tier이라고 부른다. 3층 구조 전체가 공통으로 가지고 있는 특징은 어느 정도의 직접적인 **초개인**transpersnal 정체성과 경험을 갖고 있다는 것이다. 더 나아가 3층의 의식 구조 각각은 특정 의식 상태와 어떤 식으로든 통합되어 있다는 것이다(각자의 실제 생활사에 따라 변할 수 있긴 하지만, 파라마인드는 조야 상태와, 메타마인드는 정묘 상태와, 오버마인드는 원인/주시와, 슈퍼마인드는 비이원과 통합되어 있다).

이전의 1층과 2층에서는 구조와 상태가 비교적 독립적이었기 때문에, 상태 무게 중심을 조야에 두고 있으면서도, 구조적으로는 그 조야 상태를 충분히 대상화하지 않고도(즉 완전히 대상으로 만들거나 완전히 초월하지 않고도) 청록색 통합의 길로 진화할 수 있었다. 그러나 3층의 파라마인드를 시작으로, 그 구조를 경험할 때마다 암묵적으로 또는 직관적으로 조야 영역을 조금이나마 대상화된 것으로 이해하거나 경험하게 된다. 이런 경험은 대상화된 조야 영역이 이 수준의 구조와 밀접하게 연결되어 있음을 의미하며, 이런 경험이 자연 신비주의와 같은 확장된 상태를 만들어내거나 불러일으킬 수 있다(이 상태는 이전의 구조 수준에서도 경험될 수 있긴 하지만 반드시 그런 것은 아니며, 경험한다 하더라도 그 경험은 그런 하위 수준의 관점들에 의해 해석된다. 그러나 파라마인드 수준에서는 근본적인 잠재력이 된다). 또한 조야 상태와 결합해 있기 때문에 이 파라마인드 수준은 종종 물리 세계가 단지 물리적physical인 것이 아니라 본질적으로 정신-물리적 psychophysical인 것이라고 인식한다. 이런 인식은 일시적으로 주시 상태나 비이원 상태 같은 고차 상태를 불러일으킬 수도 있다.

이런 식으로 정묘 상태는 메타마인드와, 원인/주시는 오버마인드와, 비이원적 진여는 슈퍼마인드와 결합된다. 예컨대, 메타마인드에 있는 사람이 이전에 이미 자신의 상태 무게 중심을 정묘로 이행해갔을 수도 있었겠지만, 아직 정묘 상태로 넘어가지 않았다면 이 지점에서는 그렇게 하지 않고서는 메타마인드를 넘어서 나아갈 수 없다는 점에서, 각각의 상태는 구조와 '최소한으로' 연결되어 있다. 원인/주시와 오버마인드, 비이원 진여와 슈퍼마인드에서도 마찬가지이다.

한편, 슈퍼마인드는 빅마인드Big mind와 비견될 수도 있겠지만, 근본적인 차이가 있다. 빅마인드는 비이원적 진여, 즉 **투리야티타** turiyatita의 상태 체험을 의미한다. 빅마인드는 마법에서 통합에 이르기까지 거의 모든 하위 구조-단계에서 경험되거나 인식될 수 있다. 예컨대, 구조적으로는 다원적 단계에 있으면서도 전 계열(조야, 정묘, 원인, 주시, 비이원)의 상태-단계를 경험할 수 있다는 것이다. 그럴 경우, 물론 비이원적 진여를 포함해서 모든 상태 계열이 다원적 용어로 해석될 것이다. 이런 식의 낮은 수준의 해석, 즉 다르마(진실)를 단지 다원적 술어로(아니면 신화적 술어나 합리적 술어로) 해석하는 것은 여러 면에서 매우 불운한 일이 아닐 수 없다. 그렇게 해석하는 것은 궁극적으로는 환원주의적인 해석에 지나지 않기 때문이다. 하지만 1층과 2층에서는 상태와 구조가 비교적 독립적이라는 점을 감안해볼 때, 이런 일은 늘 일어날 수밖에 없는 일이다.

반면, (비이원적 진여와 결합된) 기본 구조-단계로서의 슈퍼마인드는, 일단 그 이전의 모든 하위 수준 또는 구조-단계가 출현해서 발달해야만 경험될 수 있다. 모든 발달이 그렇듯, 구조-단계는 건너뛰거나 우회할 수 없다. 따라서 슈퍼마인드는 빅마인드와는 달리 1층, 2층, 3층의 모든 하위 단계를 경과한 후에만 경험될 수 있다. 빅마인드 상태는, 겐포 로시Genpo Roshi가 충실히 보여주었던 것처럼, 거의 모든 연령의 모든 사람이 경험할 수 있는 데 비해(각자 도달한 단계의 관점에 따라 해석하겠지만), 슈퍼마인드는 극히 희귀한 인식이다.

슈퍼마인드는 현재까지 진화가 만들어낸 최상위 구조-단계로서, 태고 단계에까지 거슬러가 이전의 모든 구조에 접근한다(물론 태고 자체는 초월했고 포함했다). 슈퍼마인드는 빅뱅에까지 거슬러가면서 진화의 모든 주요 구조를 아우른다. (인간은 **온우주** 역사의 모든 주요 진화적 전개를 포괄하고 있다. 자신의 구조 내부에 쿼크에서 아원자, 원자, 분자, 세포에 이르는 내적 연쇄와, 자연 세계에서 가장 복잡한 구조이자 진화적으로 가장 최근에 출현한 3중 뇌에 이르기까지 진화의 전 과정을 모두 담고 있다.)

슈퍼마인드는 어떤 사람에서든 일종의 '전지全知·omniscience'로 경험된다. 슈퍼마인드는 이전의 **모든 구조 디딤판**을 초월하면서 포함하고 있을 뿐만 아니라, 본질적으로 최상위의 비이원 진여 상태와 결합되어 있으므로, 그 사람의 모든 잠재력에 대한 충실하고 완전한 지식을 갖고 있다. 그 지식은 최소한 그 사람의 경우에는 문자 그대로 '모든 것을 아는' 전지와 같다.

초통합영성은 통합영성의 모든 특징을 가지고 있고, 특히 주어진 상태에서 다른 상태들과 본질적으로 결합해 있어서, 모든 상태들에 초개인적 혹은 영적 특성을 (최소한 조야-자연 신비주의, 정묘-신성 신비주의, 원인-무형 신비주의, 또는 비이원-합일 신비주의 등의 가능성을) 제공한다. 이러한 신비적인 상태는 1, 2층의 거의 모든 하위 단계에서도 경험할 수 있지만, 3층에서는 구조와 상태가 본질적으로 결합되어 있다는 점에서 상당한 차이가 있다.

각 발달 수준의 주요 관점에 따라 영성이 취하는 다양한 모습을 이해하는 데에서의 총체적인 요점은, 마법, 마법-신화, 신화, 합리, 다원, 전체 및 통합(그리고 미래에는 점차 일반적으로 될 초통합) 단계에서의 다양한 가르침과 수행 형식을 가지고, 각각의 수행 전통마다 나름의 **영적 가르침과 수행의 '컨베이어벨트'**를 만들어야 한다는 것이다. 이 컨베이어벨트는 아주 어린 나이부터 영적 가르침을 시작할 수 있게 해줄 것이고, 그 단계의 가르침을 가지고 다음 단계와 관점으로 변형해갈 수 있도록 도움을 줄 것이다(마법에서 신화, 합리, 다원, 통합, 초통합으로 이행해가도록 도와줄 것이다).

주요 종교 대부분이 여전히 신화적 관점이라는 형태에 머물러 있는 반면, 다른 분야의 지능들은 합리, 다원, 전체, 통합, 가끔 더 높은 관점에 이르기까지 자유롭게 이행하고 있는 것이 현재 우리가 처해 있는 상황이다. 영적으로 지체된 이런 발달 상황은 엄청난 문화적 비극이 아닐 수 없다. 영성 지능이야말로 궁극의 실재, 궁극의 진실, 궁극의 선善을 인식하는 지능, 즉 영 자체와 상호작용하도록 진화한 유일한 다중 지능이기 때문이다.

여타의 모든 지능이 오직 상대적 진실(속제)과 상호작용하는 데 비해, 영성 지능은 절대 진리(진제)와 상호작용한다. 따라서 영성 지능은 다른 모든 지능을 안내하는 등불로서, 한두 단계 앞장서서 다른 지능들을 이끌지 않으면 안 된다. 그러나 대체로 신화 수준에 머물러 있는 현재로선, 영성 지능은 오히려 대부분의 다른 지능보다 통상 한두 단계 뒤처져 있는 실정이다. 우리의 성장과 진화가 우리 자신의 영에 대한 관점 때문에 방해받고 있는 이런 발달 상태는, 목에 엄청나게 무거운 납덩어리를 매달고 나는 군함새albatross와 다르지 않을 것이다. 그러나 사실상 신이 그것을 만들고 있다는 점에서, 신 자신이 진화를 지연시키고 있는 셈이다. '신新무신론자들'이 너무나 쉽게 종교를 웃음거리로 만드는 것이 하나도 이상해 보이지 않는다. 전형적인 신화-축어적逐語的 모습을 띤 종교는 (앞서 보았듯이 초등학생들에게는 완벽하게 적절하다 할지라도) 어른들에게는 조롱거리일 수밖에 없다.

구조와 관점은, 정말로 새롭고 포용적인 영성이라면 모두가 포함하고 싶어 할 만한 첫 번째 아이템이자 가장 중요한 아이템이다. 구조는 마음이 세계를 보고 경험하고 해석하는 도구이다. 여기에는 물론 영적 상태와 명상 경험들도 포함된다. 그런데 구조는 사실상 모든 마음의 요소들과 마찬가지로, '발달'하는 것이다(자연도 그렇다). 요즘 태어나는 신생아들이라 해서 논리, 합리성, 비전-논리, 파라마인드나 그 밖의 어떤 도구나 능력, 기능을 사용하는 데 태고인들보다 더 잘 갖추고 태어나지는 않는다. 이러한 다양한 상위 능력들이 나타남에 따라 질적으로 구별되는 상태, 구조, 수준으로 발달이 진행되며, 각각의 단계에서 특유의 세계(다른 욕구, 동기, 세계관, 사랑과 배려와 관용 능력, 도덕적 성숙, 심미적 풍요로움, 자기 정체성, 그 밖의 많은 능력)를 만들어내는 것이다.

이런 구조들의 발견은 이제 겨우 100여 년밖에 되지 않은 최근의 일이라서, 대부분 천 년 이상 된 위대한 영적 시스템에는 이 구조들이 포함되지 않았다. 그러나 구조는 영적 이해와 경험을 포함해서 세계를 경험하고 해석하는 방식을 결정하므로, 이 구조들은 정신적 도구 제작과 해석 능력의 생산, 그리고 기본 디딤판 발달의 매 단계에서 영적 이해와 경험을 해석하는 방식에 직접적인 역할을 수행한다. 새로운 주요 디딤판에 올라설 때마다, 다른 신·다른 영을 보고 경험하고 이해했다고 말해도 과언은 아닐 것 같다. 즉 단계가 다르면 다른 신(또는 다른 다르마, 교리, 복음, 영적 진실)을 경험한다는 것이다. 이런 구조들 하나하나는 그 구조가 등장한 디딤판의 단계와 능력을 감안하면 완벽하게 적절한 것으로서, 이 단계들을 한데 묶으면 단계별로 현저하게 다른 영과 영이 계속해서 출현하는 하나의 스펙트럼 또는 (보다 시각적인 비유로 말하면) 컨베이어벨트가 만들어진다. 이는 전반적인 인간 발달상에서, 우리의 영이 진화의 최상위 한계점에 도달할 때까지 계속된다(그 이상의 상위 영적 전개도 가능하다).

그러나 역사와 진화의 어떤 시점에서든, 영적 발달의 상위 한계점은 그 시점까지 나타났던 모든 구조와 상태의 총계로 이루어진다. 완전히 성숙한 영성이란 완전한 깨달음이나 **각성**WAKING-UP을 경험했던 상태-단계를 말하며, 그런 깨달음은 아동기나 청소년기의 관점이 아니라 완전히 **성숙한**GROWN-UP **관점**으로 경험된다. 이 관점은 가장 최근에 나타난 것으로, 인류가 발견했던 그 어떤 관점보다 지혜롭고 더 많은 시각을 지닌, 보다 포용적이고 관용적이며 통합적인 구조에 의해 드러난 성숙한 관점이다. 우리의 이중 무게중심(구조 관점과 상태 시점) 모두에서의 깨달음과 완전한 발달이라는 이런 새로운 이해는 인간의 성장, 발달, 진화를 측정하는 새로운 척도라고 할 수 있다.

이러한 측면에서 나는 매우 총명한 나의 수제자 더스틴 디페르나Dustin Diperna의 저술에 대해 언급할 것이다. 그는 매우 독창적이고 창의적인 학자인데, 《지혜의 흐름: 영적 발달에 대한 통합적 접근In Stream of Wisdom: An Integral Approach to Spiritual Development》과 《규정의 무지개: 세계 종교전통을 진화의 컨베이어벨트로 전환하기The Rainbow of Enactment: Transforming our World's Religious Traditions into Conveyor Belt of Evolution》라는 두 권의 책에서, 발달의 네 가지 주요 방향vectors(구조와 구조-단계 또는 관점, 상태와 상태-단계 또는 시점)과 통합영성의 몇 가지 핵심 원칙에 대한 추가적인 증거를 제시하고 있다. 또한 마법, 신화, 합리, 다원 및 통합 관점, 그리고 조야, 정묘, 원인, 주시, 비이원의 상태 영역(과 그들의 시점)을 사용해서 기독교, 이슬람교, 힌두교, 불교에 존재하는 다섯 단계의 관점에 대하여 각각의 예를 제시하고 있다.

우리는 불교에서 일어날 가능성이 있는 제4회전을 살펴보는 중이므로, 그가 제시한 예를 불교에 초점을 맞추면서 나의 예도 몇 가지 추가할 것이다. 핵심은 우리가 논했던 구조 발달의 모든 주요 관점들이 **이미** 주요 불교 종파에 존재하고 있다는 것, 그러나 그런 것들이 다르마에 대한 다른 구조-단계의 해석이라고 인식되지 않고, 동일한 불법에 대한 다른 관점들로, 때로는 서로 다투는 관점들로 여겨지고 있다는 것이다. 이런 상황에서 다른 구조 디딤판과 관점들을 들여오는 것은, **이미** 일어나고 있지만 이해되지 않는 일들을 해명하는 데 큰 도움이 될 것이다.

불교는 합리적인 시스템으로 시작했다. 세계의 위대한 종교들 중에서 합리적인 방식으로 시작한 종교는 사실상 불교가 유일하다. 여기서 '합리적'이라는 용어가 어떻게 사용되는지 상기하기 바란다. '합리적'이란 말은 무미건조하고 추상적인 것, 분석적이고 자기 소외적인 것을 의미하지 않는다. 그것은 최소한 세계 중심적인 3인칭 시각이 있음을 의미한다. 따라서 합리성은 자신의 지각과 경험을 내성하고 성찰할 수 있을 뿐만 아니라, 자기 비판적인 자세를 취할 수 있으며, '만일 이렇다면' 또는 '마치 이런' 같은 가상의 세계를 이해할 수 있다. 또한 자기로부터 한발 물러나 초연한 자세를 취할 수도 있다.

《불교: 합리적 종교Buddhism: The Rational Religion》라는 책 제목은 이 모든 것을 대변해준다고 하겠다. 불교가 서양 세계에서 계속 호소력을 갖는 것은 이런 합리적인 특성 때문이라고 나는 생각한다. 여러 사람이 지적했듯이, 불교는 전형적인 종교라기보다는 심리학에 더 가깝다. 비록 대부분의 불교 종파가 **상태**에 중점을 두고 있긴 하지만, 해석에서만큼은 합리적이고 객관적이며 증거에 기반을 두고 있다.

물론 모든 사람이 합리 단계에서 태어나지는 않는다. 실제로 그런 사람은 아무도 없다. 모든 사람은 '감각 운동' 및 '태고'라는 기본 단계와 관점에서 발달을 시작하여 마법 단계로 옮겨가고, 그런 다음 신화, 합리, 다원, 통합, 초통합 단계로 이행해간다(발달이 멈출 때까지). 이러한 사실은 모든 단계의 사람들이 불교에 매력을 느낄 수 있다는 것을 의미하는데, 실제로 여러 불교 종파들은 수 세기에 걸쳐 서로 다른 단계를 기반으로 발생했다.

멜포드 스피로Melford Spiro는《불교와 사회Buddhism and Society》라는 책에서 미얀마 상좌부 불교를 크게 세 집단으로 분류했는데, 그 집단들은 마법 단계, 신화 단계, 합리 단계와 거의 정확하게 일치한다. 그가 '벽사辟邪 불교Apotropaic Buddhism'라고 부른 첫 번째 집단은 일차적으로 악령으로부터 보호받는 데 관심이 있으며, 마법적 부적과 미신적 주문 같은 것을 사용한다. 이것은 순수한 마법 단계에 해당한다. 더스틴은 정토종淨土宗 중에서 경전을 문자 그대로 해석하는 종파를 여기에 포함시킨다. 이 종파에서는 단 한 번 불호佛號를 염송하는 것만으로도 극락정토에서 환생할 수 있다고 마법적으로 보장한다.

스피로가 '공덕功德 불교Kammatic Buddhism'라고 부르는 두 번째 집단은 미래의 환생을 위해 공덕을 쌓는 일에 초점을 맞춘다. 이것은 약간의 마법적 요소를 담고 있는 전형적인 신화적 관점이다. 더스틴은 일차적인 예로 스리랑카에서 있었던 싱할라Sinhala파 불교도의 민족 중심적 전쟁을 지적한다. 그들은 강력한 종교적 정체감(독실한 신자), 엄격한 사회적 경계(우리 대 그들), 신화에 대한 의존성 등, 마티Marty와 에플비Appleby가 말하는 신화-축어적 근본주의자들이 갖고 있는 '친족유사성'을 그대로 다 갖고 있다. 특히 싱할라파 불교도들은 자신들을 '불교 가르침의 수지자受持者이자 수호자'로 보며,

스리랑카를 다르마의 진정한 고향으로 여긴다. 그들은 진리의 적인 타밀 힌두교와 항시 전쟁 상태에 있는 '윤리적 광신주의자들'이다. 이 단계는 순전히 민족 중심적이고 절대론적인 신화 단계이다.

스피로가 '열반 불교Nibbanic Buddhism'라고 부르는 세 번째 집단은 상태 실현을 통한 열반 획득에 관심이 있다. 앞서 보았듯이, 이 합리적 불교는 가우따마 붓다의 근본 가르침에 가장 근접하는 것으로 보인다. 초기불교의 합리적인 성질은 신화 단계처럼 민족 중심적이 아니라 세계 중심적이라는 것을 의미한다(세계 중심에서는 모든 사람을 '내집단' 성원 대 '외집단' 성원으로 구분하지 않고, 인종, 피부색, 성별, 신조에 관계없이 동등하게 다룬다). 따라서 초기불교는 흔히 다른 종교로부터 배척되었던 불가촉천민에게조차도 자신을 개방했다. 이것이 불교가 인도 전역으로 빠르게 확산할 수 있었던 주요 요인이었다.

더스틴은 여기에 스즈키D.T.Suzuki를 추가한다. 스즈키는 선불교를 서양에 소개하는 데 가장 큰 공을 세운 저명한 일본인 선禪 저술가이다. 역사학자 린 화이트Lynn Whyte는 "스즈키의 《선불교 에세이 Essays in Zen Buddhism》를 영문으로 번역한 것은 라틴어 성경을 영어로 번역한 것에 필적할 만한 영향력이 있다"라고 말했다. 스즈키는 십여 권이 넘는 저술에서, 선의 비합리적인 핵심을 매우 훌륭하고 끈기 있게 합리적으로 설명했다.

다원적 관점의 특징은 깊은 사회적 관심과 사회 정의에 대한 강력한 추진력이라고 할 수 있다. 이 관점은 평등주의적이고 반反위계적이며, 환경문제와 생태문제에 대해 진지하게 관심을 보인다. 지속 가능성과 신재생에너지를 주장하며, 모든 서열화를 경멸한다. 반부권, 반전쟁을 주장하고, 친페미니스트적이며 상당히 사회참여적이기도 하다. 달리 말하면, 다원적 관점은 불교가 서양 세계에서 보여주는 전형적인 모습이라는 것이다. 더스틴은 가장 좋은 예로 사회참여를 중시하는 불교를 제시한다.

그런데 앞에서도 언급했듯이, 1960년대와 1970년대에 서구에서 불교의 첫 물결을 일으킨 동양 스승들이 온갖 어려움을 겪어야 했던 이유는, 서양 제자들이 가지고 있는 이런 다원적 가치 때문이었다. 동양 스승 대부분은 신화적-민족 중심적인 문화적 배경을 가지고 있었고, 그로 인해 종종 매우 권위주의적이고 위계적이었을 뿐만 아니라, 가부장적이고 성차별적이며, 통상 외국인 혐오적, 동성애 혐오적이었다.

스승들은 당연히 권위적인 위치에 있다고 여겼고, 행동 또한 그렇게 했다. 하지만 그들은 제자들의 급진적인 성적 개방과 자유분방함, 윤리적으로 해이한 분위기에서, 그러면서도 스승에게는 엄격한 순수성을 기대하는 분위기에서 활동하는 데는 익숙하지 않았다(대다수 스승들은 명백히 그런 기대에 부응하지 못했다). 신화적이거나 잘해야 합리적인 이런 스승들은 대체로 다원적 단계에 있던 제자들을 만나게 되었고, 이로 인해 관점상의 커다란 충돌이 발생했다.

이런 상황은 스승이 구조 발달과 관점에서는 제자들보다 뒤쳐져 있긴 했지만, 상태와 상태-단계에 관한 한 제자들보다 훨씬 발달해 있었다는 사실로 인해 매우 복잡한 양상을 띠게 되었다.

대다수 스승들은 원인이나 비이원 상태에 있었고, 이것이 제자들에게 커다란 혼란을 야기했다. 스승이 해준 지도(충고)가 낡고 당혹스러운 신화적 관점에서 비롯한 것인지, 아니면 진실로 앞서 있는 상태 시점에서 비롯한 것인지 구분할 수 없었기 때문이다.

"고차 상태에 대해서 그토록 많은 것을 알고 있는 스승이 어떻게 저토록 동성애 혐오적일 수 있단 말인가? 비이원성에 이른 것으로 보일 만큼 깨달은 분이 어떻게 저토록 권위주의적일 수 있단 말인가? 그토록 해탈한 분이 어떻게 여성 제자들을 저렇게 마구 부려먹을 수 있단 말인가?"

그런 식으로 구조와 상태상의 괴리는 양측 모두에게 엄청난 문제와 골칫거리를 야기하면서 진행되었다. 나는 인가받은 미국인 선 스승 두 명을 알고 있는데, 이들은 특히 이런 종류의 곤란한 문제에 직면해서, 결국에는 훈련을 제대로 완수하는 유일한 길은 "생선을 통째로 삼키는 것", 즉 미숙한 **구조**의 조언과 고도로 발달된 **상태**의 조언을 함께 받아들이는 것이라고 결정했다. 그렇게 해서 그들은 결국 '정통적 권위'라는 장식품을 포기하게 되었고, 자신들의 훈련 방법에 대해서는 혼란스러운 기억만을 갖게 되었다.

이런 일들은 통합영성과 법륜의 제4회전이 오늘날의 불교에서 왜 그토록 중요한지 그 이유를 명확하게 보여준다. 기본 구조-단계와 각 단계의 관점, 그리고 주요 상태 영역과 각 영역의 시점에 대한 이해는 그 자체만으로도 영성과 영성의 성장에 대한 이해라는 측면에서 대단히 혁신적인 일이 될 것이다. '구조가 상태를 해석한다'라는 이해 속에는 수많은 신비를 풀어내는 공식이 들어 있다. 그런 점에서 불교나 그 밖의 모든 영성에서 그 공식을 구현하는 일은 각기 앞으로 나아가기 위한 획기적인 도약이 될 것이다.

2. 상태와 시점

통합영성인 (법륜의) 제4회전에서의 두 번째 주요 요소로 **상태와 상태-단계(시점**Vantage Points)를 포함시키고자 한다. 앞에서 보았듯이, 약간의 예외가 있긴 하지만 대부분의 불교 종파는 마법, 신화, 다원 수준의 불교에서 이미 상태를 포함하고 있다. 그러나 오늘날 대다수 서양의 종교는 안타깝게도 조야에서 비이원 상태에 이르는 전체 스펙트럼을 망라하는 명상 시스템은커녕, 어떤 직접적인 영적 절정 경험도 결여하고 있다. 이것은 거의 모든 서양(및 동양) 종교가 그 종교 창시자의 일련의 신비 상태와 절정 경험에서 출발했다는 점을 생각할 때, 여러 면에서 이상한 일이 아닐 수 없다.

　최초의 기독교 회합, 즉 오순절Pentecost의 특징은 극도의 정묘 영역 신비주의였으며(머리를 맴도는 광휘, 때로는 비둘기가 내려오는 것으로 표현), 기독교에서는 그 후 수백 년 동안 이런 신비 경험이 '깨어남awareness'을 규정했다("이 의식意識이 예수 그리스도에 임했던 것처럼 네 안에 임하게 하라. 그리하면 우리 모두 하나가 되리니"). 기독교인이라면 누구든 신성한 분 또는 깨어난 분을 스승으로 삼고 싶어 했다.

그러나 교회의 권력이 커지면서, 기독교는 점점 직접적인 신비 경험으로부터 신화적인 이야기와 믿음, 그리고 율법적 교리로 바뀌어갔다. ("교회의 길 이외에는 누구도 구원받을 수 없다") 교리를 말하는 것이 영을 경험하는 것을 대신했다.

반反종교개혁 시대에는 기독교의 거의 모든 관조contemplative 분파가 심각하게 축소됐으며, 지고의 정체성, 비이원적 신성 안에서 정묘 혼과 원인적 신의 정체성을 체험하는 것을 금지하기 위해서 스페인의 종교재판Inquisition(이단자 탄압)이 확고하게 자리를 잡았다. 조르다노 브루노 같은 성자는 선을 넘어섰다는 이유로 화형에 처해졌다. 30여만 명의 여성들이 신비 체험을 즐겼다는 이유로 '마녀'로 낙인찍힌 채 화형에 처해진 일은 말할 것도 없다. (동서를 막론하고 일반적으로 가장 위대한 영적 성현으로 여겨졌던 마이스터 에크하르트Meister Eckhart는 파문되지 않았지만, 교회는 그의 저술과 논문들에 저주를 퍼부었다. 이런 저주는, 에크하르트는 지금 천국에 있지만 그의 논문은 지옥에서 불타고 있다는 것을 의미하는 것이며, 이는 가엾은 그에 대해 생각할 거리를 남겨주지 않으려 했던 짓이었을 것이다.)

그 당시 영성 지능의 신화 구조-단계는 ('합리' 이전, 즉 서구 계몽시대 이전에는 여전히 적절한 구조였다) 모든 시대를 위한 교리로써 그 신화적인 위치에 영속적으로 굳어지고 말았다. 의식의 **상태**는 신화 수준의 교조적 믿음과는 달리 교회가 통제할 수 없었으므로, 사실상 모든 종류의 의식 **상태**가 원칙적으로 금지되었다. 이런 운동으로 발생한 이중의 문제는, 상태 상실 이외에도, 영성 지능의 신화-축어적 관점이 영원한 교리로 고착되어 그 이후 결코 의문시되지 않았다는 점이다. 과학, 의학, 법률, 예술, 교육, 정치 분야에서 다른 지능들은 근대적 합리로, 다시 탈근대적 다원론으로 옮겨갔으나, 종교는 신화-축어적(민족 중심적, 인종차별적, 성차별적, 가부장적, 권위주의적, 절대주의적, 교조적, 획일적) 수준에 멈추어 있었다. (예컨대, 이전 교황인 베네딕트 16세는 여성을 성직자로 등용하는 것은 남색의 죄를 범하는 것과 같다고 선언했다. 악의로 모욕을 주려는 것은 아니지만, 교황이 과연 그 두 가지 중 어느 것을 경험해보았기에 그런 판단을 할 수 있었는지 의아할 뿐이다.)

사실상 서양 세계는 영적 성장이 멈춰버렸다. 영적으로 성장해가는 길로서의 영성 지능은 신화 수준, 즉 오늘날의 전형적인 7세 아동 수준에서 멈추었고, 깨어나는 길로서의 영적 경험은 금지되고 말았다. 실제로, 이것이 오늘날 서양 영성이 겪고 있는 무기력한 상태이다. 이런 상황에서 많은 사람들이 이와는 다른 형태의 통합기독교나 통합영성과 관련된 아이디어에 열광적인 관심을 보이는 것은 별로 이상한 일이 아닐 것이다

반대로, 상태와 시점을 중앙 전면에 놓았던 불교 같은 영적 전통에서는 역사적으로 볼 때 구조 디딤판과 관점이 포함되지 않아서, 각각의 상태와 시점이 그 사람이 속해 있는 단계의 관점에 의해 해석된다는 것을 알지 못했다는 점을 강조해야 할 것 같다. 누구든 1층이나 2층의 거의 모든 구조-단계에 있을 수 있으며(예컨대 신화, 합리, 다원 단계), 그 단계에서 명상적으로 상태-단계 계열 전

체를 통과해 갈 수 있다는 것, 예컨대 다원적 조야에서 다원적 정묘, 다원적 원인/주시, 다원적 비이원, 또는 합리적 조야에서 합리적 정묘, 합리적 원인/주시, 합리적 비이원에까지 발달할 수 있다는 사실도 상기해야 할 것이다.

가령 합리적 비이원에 있는 사람이 정말로 세계와의 순수한 합일, 공空과 색色의 비이원성을 발견한다 해도, 그 사람의 색의 세계는 합리 수준까지의 현상만을 포함할 것이다. 다원적 세계, 전체적 세계, 통합적 세계, 초통합적 세계 등은 그의 인식수준으로는 접근할 수 없을 것이고, 따라서 '도저히 이해할 수 없는' 세계가 여전히 존재할 것이다. 그런 세계는 그의 인식이 전혀 도달할 수 없는 곳에 있기 때문에, 그 사람은 그런 세계와는 일체가 아닐 것이다. 자신에게 존재하지 않는 것과는 어떤 식으로도 일체가 될 수 없는 일이기 때문이다.

물질세계 전체와 일체인 사람, 생물세계 전체와 일체인 사람, 감각 운동에서 정서적·성적, 개념적, 구체 조작적, 형식 조작적 수준에 이르는 정신세계와 일체인 사람, 이런 사람에게 다원 영역, 전체 영역, 통합 영역, 초통합 영역이라는 세계 전체는 여전히 이해할 수 없는 세계이다. 그런 상위 영역 어딘가에서 어떤 대상이 인식에 등장할 경우, 그는 그 대상을 인식할 수 없거나 어리둥절해하거나 터무니없는 것으로 보거나, 아니면 아예 알아채지 못할 수도 있을 것이다. 따라서 신화적이든 합리적이든 다원적이든, 그 사람은 세계 전체와 일체가 아니며, 완전한 '합일'이 아닐 것이다. 설령 그가 '실제로 세상의 모든 형상과 일체'라고 하는 경구譬句하에 '공空'과 '색色'의 합일 상태, 즉 진정한 비이원 **상태**에 있다 하더라도, 그가 완벽하게 깨닫지 못하고 있는 또 다른 **구조**-세계들이 있기 때문이다.

진실로 포괄적인 영성이라면 구조와 상태 둘 다를 포함해야만 한다. 누구든 명상을 통해 상태 발달 훈련을 시작하면서, 다른 한편으론 키건과 라히Lahey가 시도한 언어와 성장에 대한 저항 연구나 통합 연구소의 메타-수련, 작 스테인Zak Stein의 조작화 고도operationalizing altitude(여기서는 고도를 수직적 성장과 발달의 정도로 정의한다) 구조 발달 훈련도 같이 시작할 수 있다. 이렇게 이중의 훈련을 하는 것은 매우 중요하다. 가령 신화적 관점을 가지고 있는 사람은 불교 명상 수행을 해서 마침내 모든 길을 통과해 비이원적 진여라는 상태 무게 중심에 이르게 되었다 하더라도, '선민'이라는, 혹은 자신들의 길만이 진정한 해방으로 이끌어주는 '선택된 길'이라는 믿음으로 인해서, 이 상태를 여전히 제한된 민족 중심적 관점으로 해석하는 심적 도구를 갖고 있을 수도 있기 때문이다(이 모든 것을 그대로 믿고 있는 실제 불교 종파도 앞에서 보았다).

설령 그들이 모든 존재를 해방시키겠다는 보살 서원을 했다 하더라도, 무슬림이나 기독교인 혹은 비이원적 신비 신앙을 가지고 있는 사람들을 완전히 수용하는 데는 어쩔 수 없이 어려움을 겪을 것이다. 《전쟁에서의 선禪·Zen at War》이라는 책은 매우 존경받는 선사의 민족 중심적인 신념들로 가득 차 있는데, 이런 전형적인 예들은 그런 신념들이 일부에 국한되어 있거나 무시해도 좋을 만큼 사소한 문제가 아니라는 것을 보여준다.

제프리 마틴Jeffrey Martin은 학위논문에서 후드Hood의 '신비주의 척도Mysticism Scale'(상태 경험의 일관성과 유형을 판단하는 척도)와 주자네 쿡 그로이터Susanne Cook-Greuter의 '자아발달 척도Ego Development Scale'(자기 정체성의 구조-단계 측정도구)를 사용했는데, 이 연구는 구조-단계와 상태 발달 사이의 어떤 상관성도 전혀 예측할 수 없다는 점을 명확하게 보여준다. 어떠한 효과적인 영성에서든 상태 발달과 구조 발달(시점과 관점), 둘 다를 포함하는 것이 결정적으로 중요한 이유는 이 때문이다.

3. 그림자 작업

세 번째 요소는 **그림자**shadow와 **그림자 작업**이다. 앞에서 언급했듯이, 사실상 어떤 영적 시스템도 그림자 성분에 대한 폭넓은 이해나 정교한 이해를 하고 있지 않다. 다만 몇몇 부정적인 감정과 그런 감정의 영향, 그 밖의 여러 가지 마음의 오염에 대한 인식과, 이미 천여 년 전에 융Jung의 집합 무의식을 예견한 장식藏識(알라야식alaya-vijnana)에 대한 인식이 있기는 했다. 그러나 그림자와 유사해 보이는 몇몇 성분에 대한 일반적인 이해를 제외하면, 그런 전통에는 억압된 무의식이 만들어내는 특정 방어기제에 대한 이해는 전혀 없다. 이런 것은 대체로 근대 서양의 발견물이다.

그런데 역설적인 점은, 이러한 발견이 실은 많은 경우 동양의 시스템에 대한 연구와, 프라나prana(힌두교의 개념으로, 생명체를 존재하게 하는 힘)와 그것의 변동 추이에 대한 복잡한 이해(프라나를 생물에너지, 생명력élan vital, 리비도로 보았다)에서 자극받아 가능했다는 것, 그리고 그 이후 억압, 부정, 개인 무의식 같은 개념들이 추가된 것도 그런 연구와 이해에 바탕을 두고 있다는 것이다.

그림자는 기본적으로 의식 구조와 상태 모두에서 정신이 겪는 발달 과정의 본질 자체 때문에 생긴다. 중심 자기central-self 또는 근접 자기proximate-self는 먼저 어떤 기본 구조나 주요 상태와 동일시한 다음, 그 구조나 상태를 통해서 세계를 보게 되고, 그렇게 해서 특정 관점View과 시점Vantage Point이 생성된다는 것은 이미 구조나 상태의 발달 계열을 논할 때 살펴보았다.

어떤 구조나 상태에 있던 '자기'는, 그 구조나 상태의 모든 주요 특징, 성질, 생각, 느낌, 욕구, 충동을 받아들이고 통합할 필요가 있다. 만일 자기가 그런 요소 중 어느 하나라도 올바로 통합하지 못하면, 자기는 그런 요소들과 동일시하거나 거기에 매몰될 것이고(분화의 실패), 따라서 그런 요소들(조야의 경우 음식, 섹스, 권력 등; 정묘의 경우 혼의 광휘와 명증성 등; 원인의 경우 원형原型·archetypes 등)에 대한 탐닉·중독addiction을 만들어낼 것이다. 아니면 반대로 그런 요소들을 부정하거나 그것들로부터 분리되어(통합의 실패) 그로 인해 똑같은 요소들(음식, 섹스, 권력 등)에 대한 거부반응·allergy을 만들어낼 것이다.

이런 유형의 기능장애는 특히 어떤 구조-단계에서 다음 상위 구조-단계로 이동해가는 교차점('분기점fulcrum')이나 어떤 상태-단계에서 다음 고차 상태-단계로 이동해가는 교차점('전환점switch-point')에서 발생할 가능성이 매우 크다.

예를 들어, 자기self가 구강기oral에서 성기기genital까지 이동해가는 동안 구강충동에서 적절히 분화하는 데 실패한다면, 그런 충동과 동일시하거나 융합된 채 남아 있게 될 것이다. 따라서 다른 욕구의 만족을 음식물로 대체시켜 위안감을 얻으려 하는 구강 고착이나 구강 탐닉이 나타날 것이다. 이와 반대로 당연히 일어나야 할 구강기로부터의 분화와 탈동일시가 너무 지나쳐서 분리와 부정에 이르게 되면, 자기는 음식에 대한 과잉 거부반응을 보이게 되고, 결국 폭식증bulimia과 거식증anorexia 같은 섭식장애에 이르게 된다. 두 경우 모두 '음식 하부인격food subpersonality'이 생성되는데, 이 하부인격은 무의식 깊은 곳에서 음식을 자신의 상호작용과 관계들의 거의 전부로 여기면서 지속적으로 증상을 내보이게 될 것이다.

발달이 정상적으로 진행되면 구강 영역(즉 '구조')은 물론 남아 있겠지만, 구강 영역(과 그 영역에서 비롯한 관점)과의 배타적인 동일시는 해소될 것이다. 섭식 욕구는 여전히 갖게 될 테지만, 구강 고착이 되지는 않을 것이다. 영역Realms은 남지만, 관점Views은 초월된다는 것이다.

(로버트 키건은 발달에 대해서, "어떤 한 단계의 주체는 다음 단계에 출현한 주체의 대상이 된다"라고 요약한 바 있는데, 이는 구조와 상태에서도 진실이다. '하부인격'이란 다음 단계의 주체의 대상이 되기를 거부한 이전 단

계의 주체를 말한다. 이 하부인격체는 현 주체의 대상이 되지 않은 '하부-주체sub-subject', 즉 'me'가 되지 않은 무의식 속의 'I'를 말한다. 따라서 그것은 '현 주체인 나' 안에 매몰된 채 남아 있거나 '하부-나'로 떨어져 나간다. 양쪽 모두 무의식적이어서 적절한 인식 대상이 되지 않는다. 이런 일은 사실상 거의 모든 구조 발달과 상태 발달에서 일어날 수 있다.)

상태 발달에서도 똑같은 일이 일어나는데, 특히 전환점에서 주로 일어난다. 예컨대, 상태 발달에서 자기self가 조야에서 정묘로 이행해갈 때, 자기의 상태 무게 중심은 조야 자아gross ego에서 정묘 혼subtle soul으로 전환된다. 이 자기는 일차적으로 정묘 영역과 그 영역의 시점Vantage Point과 동일시한 자기이다(여전히 조야 영역을 인식하지만, 더 이상 그것과 배타적으로 동일시하지 않는다. 상태 영역은 남지만 시점은 사라진다).

그런데 자기가 정묘에서 원인으로 이행해갈 준비가 되면, 자기는 정묘 혼을 떠나보내거나 정묘 혼에서 죽지 않으면 안 된다. 이 죽음을 두려워할 경우, 자기는 몰래 그 혼과 동일시한 채 또는 집착한 채 남을 것이고(혼 탐닉), 이 혼 탐닉은 원인 영역에 대한 이해와 파악을 편향적으로 만들어서, 인식 자체Awareness-itself가 미묘하게 왜곡될 것이다. 인식 자체는 그 하부인격체에서 자유롭지 못하여, 그것에 미세하게 집착하거나 그것과 동일시할 것이다. 반면 분화와 탈동일시가 너무 지나쳐서 분리와 부정에 이를 경우, 혼에 대한 거부 반응이 생긴다. 그러면 그 사람은 혼을 초월하지 못하고, 대신 그혼을 '무의식적 혼'이라는 하부인격체로 분리해놓음으로써, 정묘 혼을 몹시 혐오하고, 그것이 어디서 나타나건 일반적으로 질색하게 된다. 물론 그러한 사람들이 혐오하고 질색하는 것은 적절히 초월하지 못하고 역기능적으로 부정한 자신의 정묘 혼이다.

한편 이런 식으로 자신에게서 분리되고 부정된 부분들은 대개 '자기self'의 일부(1인칭 특성, 생각, 감정, 성격)로 시작했지만, 그 후 (감각운동 영역의 기본적인 자기-타자 경계로 인해 생긴 내사introjection와 투사projection, 의도적 단계에서의 개념적 마음에 의한 역동적인 억압, 그리고 규칙/역할 마음에서 역할에 적응하거나 규칙을 따르는 데서의 문제점 및 통합 단계에서 비전 논리에 의한 전체론적 단절 등의) 기능장애가 일어날 당시에 자기가 있었던 기본 디딤판 또는 주요 상태와 동일한 성분으로 이루어진 방어기제에 의해 쫓겨난 것들이다. 자기의 어떤 부분은 디딤판 특유의 방어기제에 의해 무의식 속의 '타자', 즉 2인칭 요소로 밀려났고, 종종 완전히 낯선 이질적인 3인칭 요소(종종 '그' '그녀' '그들'로 투사되는 '그것')로 더 멀리 밀려난다. 이렇듯 그림자는 1-2-3 과정(1인칭에서 2인칭으로, 그다음 3인칭으로)을 거치면서 만들어진다.

따라서 통합 연구소에서 개발한 3-2-1 과정은 이런 그림자 요소들을 대상으로 그 과정을 역전시키는 작업을 한다(1-2-3이 아니라 3-2-1로). 예컨대, 어떤 사람이 강한 분노를 느끼고 있지만(1인칭 충동), 여러 가지 이유 때문에(부모나 종교 또는 문화에서 분노를 받아들이지 않기 때문에) 분노에서 분리되거나 분노를 자신의 의식에서 밀쳐내거나(그의 마음에서 2인칭 '타자'에게), 한발 더 나아가 그 분노를 외부의 타자(3인칭 '그' '그녀' '그들')에게 투사할 수도 있다. 그렇게 투사하면 모든 사람이 그에게 화를 내는 것처럼 보이기 때문에(그는 누군가가 자신에게 화를 내는 것처럼 본다) 상당한 공포심을 느끼게 되고, 그로 인해 우울증에 걸릴 수도 있다. 아마도 이런 공포심은 악몽 속에서 닥치는 대로 마구 먹어치우는 괴물로 계속해서 나타날 것이다.

3-2-1 과정은 그 사람이 일상생활에서든 꿈속에서든, 가장 큰 감정적 반응을 일으키는 3인칭 대상과 동일시하는 것에서 시작한다. 그런 다음 동일시한 대상과 마주한다(이 대상은 자신의 긍정적인 성질을 투사해서 지나치게 흠모하거나 영웅처럼 숭배하는 대단히 긍정적인 대상일 수도 있고, 아니면 자신의 부정적 성질을 투사해서 과도하게 두려워하거나 회피하는 대단히 부정적인 대상일 수도 있다). 그 대상을 2인칭으로 전환시켜 그 사람, 즉 영웅 또는 괴물과 마주보고 대화를 나눈다. "넌 누구니? 네가 원하는 게 뭐지? 너는 왜 여기에 있는 거니?" 이렇게 몇 분 동안 이 2인칭 대상과 '나-너'의 대화를 나눈다.

그런 다음 이 2인칭 대상의 역할을 스스로 떠맡는다. 즉 그 사람이나 괴물과 자신을 동일시한다. 그 사람에게 투사했던 느낌, 특징 또는 성질을 철저하게 재-소유하고 그 대상과 재-동일시할 때까지. 그렇게 해서 1인칭 요소로 되돌아올 때까지 그 대상의 입장에서 이야기한다. 그 과정이 올바로 진행됐을 경우, 다 끝마쳤을 때쯤엔 엄청난 안도감과 해방감을 맛보게 될 것이다.

명상가 대부분은 이 과정이 매우 쉬울 뿐만 아니라 재미있다는 것을 알게 된다. 매일 아침 몇 분 동안 간밤의 꿈에서 가장 매력적이거나 뒤숭숭했던 요인을 상대로 할 수도 있고, 자기 전에 몇 분 동안 그날 보았던 가장 칭찬할 만한 사람이나 화가 났던 사람을 상대로 할 수도 있다. 또한 이 과정은 마음챙김, 묵상기도 등 어떠한 명상을 하는 도중에 이를 중단시킬 만큼 특별히 혼란스러운(지나치게 매력적이거나 특별히 혐오스러운) 대상이 나타날 때도 활용할 수 있다. 몇 분간 마음속으로 이 3-2-1 과정을 실시하면, 의식에서 혼란 요인을 재빨리 제거할 수 있어서 하던 수련을 다시 정립하는 데 도움이 될 것이다.

3-2-1 과정을 확장시킨 '3-2-1-0' 과정도 있다. 이 과정에는 '감정 변형'이라고 알려진 훈련이 포함되어 있다. 우리는 비이원성 관점이 탄트라에서 특별히 강력하다는 것을 알고 있는데, 그 관점에서는 부정적인 감정을 제거하려 하거나 점차적으로 **변화**시키려 하지 않고, 비이원적 알아차림을 통해 직접 감정에 개입한다는 점을 살펴본 바 있었다. **비이원적 알아차림**은 거의 즉각적으로 감정을 그에 상응하는 초월적 지혜로 바꿔놓는다(그렇게 해서, 분노는 비이원적 알아차림이라는 밝게 빛나는 명료성으로 발현된다).

그러나 이 과정이 올바로 작동되기 위해서는 감정이 원래의 '진정한' 감정, 즉 결코 부정적인 그림자에 의해 내몰리거나 억압되고 부정된 것이 아닌 최초의 감정이어야만 한다. 억압과 분리, 부정은 감정을 근본적으로 거짓되고 오도된 형태로 바꿔놓는다. 따라서 부정해버린 분노가 꿈속에서 괴물로 나타난 예에서 보았듯이, 괴물은 분노가 아니라 공포 감정을 만들어낼 가능성이 크다. 그런데 이 공포는 다름 아닌 '투사된 분노'의 결과일 뿐이지만, 마치 순수한 진짜 공포처럼 보이게 된다. 괴물이 내 뒤를 쫓아오는 것을 보면서, 나는 분노가 아니라 **공포**를 느끼게 된다. 따라서 감정을 변화시키는 일을 할 때, 그 사람은 공포를 대상으로 작업할 것이고, 따라서 비이원적 알아차림을 공포에 집중시킬 것이다.

그러나 이 경우에 공포는 진정한 감정이 아니다. 원래 만들어졌던 실제 감정이 아니다(실은 분노다). 따라서 이 진짜가 아닌 감정을 변화시킨다 해도 진짜가 아닌 지혜를 만들어낼 뿐이다. 원래 감정의 진정한 에너지에 의해 만들어진 지혜가 아니라, 비뚤어진 감정과 왜곡된 에너지에 기반을 둔 비뚤어진 지혜일 뿐이다. 이런 지혜는 거짓 감정이 엄청난 크기로 부풀려지고 정밀하게 다듬어진 것이기 때문에, 실제로는 해방시키는 힘이 아니라 엄청난 손상을 입히는 힘이 될 수 있다.

그러나 이 공포에 대해서 먼저 3-2-1 과정을 실행한다면, 그 공포는 아주 빠르게 분노라는 원래의 진정한 감정으로 돌아갈 것이다. **그런 다음** 분노라는 그 진정한 감정에 대해 감정 변화를 시도한다면, 진정한 초월적 지혜(이름하여 눈부시게 밝은 명료성)가 드러날 것이다. 우리는 그런 과정을 "3-2-1-0"이라고 부르는데, 그렇게 부르는 이유는 비이원적 알아차림으로 인해 주객 이원성이 (최소한 일시적으로나마) 극복되어 '1인칭'이 '무인칭'이나 '주체 없음(주객 이원성 없음)' 또는 '0인칭'으로 초월되기 때문이다. (이 수행 방식이 설득력 있게 들린다면, 《통합생활 훈련》의 3-2-1과 3-2-1-0 과정에 관한 장을 참고하기 바란다. 티베트 불교식 감정 **변형** 수행법에 관한 책도 많이 나와 있으며, 상담도 받을 수 있다. 다만 확실하게 해두어야 할 것은, 투사로 인해 반사적으로 나온 진정하지 않은 감정이 아니라, 원래의 부정적 감정을 가지고 작업해야 한다는 것을 분명히 하기 위해, 먼저 3-2-1이나 이와 유사한 훈련을 해야 한다는 것이다.)

이것은 그림자 작업에 대한 한 가지 간략한 예에 불과하지만, 그 밖의 많은 그림자 문제들을 다루는 데도 충분할 것이고, 더 많은 작업이 필요할 경우에는 전문적인 치료사의 도움을 받을 수도 있을 것이다.

그림자 요소들은 모든 구조 디딤판의 거의 모든 관점과 모든 상태 영역의 모든 시점에서 만들어질 수 있다. 자신의 구조 발달이 아무리 건강할지라도, 또는 자신의 명상 상태 발달이 아무리 성공적일지라도, 기형의 그림자가 그 작업을 완전히 망쳐놓을 수도 있다. 우리는 40여 년 전 서양에 명상이 도입된 이래, 오랜 시간 고되고 씁쓸한 경험을 통해서, 명상이 그림자 문제를 치유할 수 없다는 것, 오히려 그런 문제를 종종 부채질한다는 사실을 알고 있다. 또한 상태 스승으로서는 훌륭하지만, 최대한 점잖게 표현하더라도, 구조에 있어서는 그림자에 시달리고 있는 신경증 환자 명상 스승들에 대해서도 잘 알고 있다. 따라서 그림자에게 희생되지 않기 위해서는, 명상 훈련에 약간의 그림자 작업이라도 반드시 포함시킬 필요가 있을 것이다.

4. 사분면

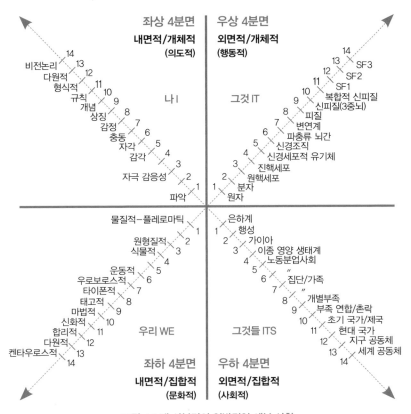

그림 4.1 네 사분면의 일반적인 세부 사항

사분면四分面·quadrants이란, 간단히 말해 모든 현상이 갖고 있는 네 가지 시각perspectives 및 차원dimensions을 말한다. 모든 사물과 사건은 내면interior과 외면exterior에서, 그리고 개별적individual 측면과 집합적collective

측면 모두에서 볼 수 있다. 그렇게 하면 전반적으로 네 개의 시각이 나오게 된다(다소 일반적인 세부 사항을 보여주는 사분면인 그림 4.1, 몇 가지 인간 특성에 초점을 맞춘 그림 4.2, 다양한 유형의 진실 요건을 보여주는 그림 4.3, 의학에 적용한 통합의학을 보여주는 그림 4.4를 보기 바람).

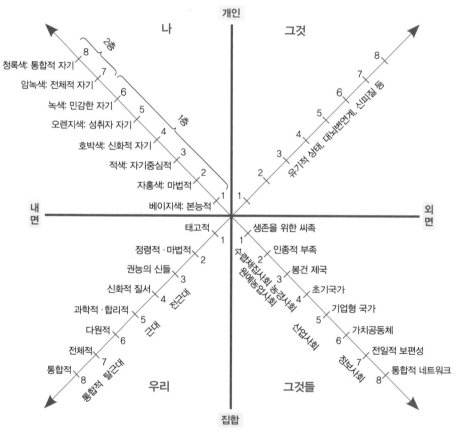

그림 4.2 인간의 특성에 적용한 AQAL

방금 말했듯이 이 두 개의 차원(내면/외면과 개별/집합)에서 네 개의 조합이 만들어진다.

① **개인의 내면**: '나ɪ'의 공간. 내성과 명상으로 접근한다. 사고, 심상, 관념, 느낌, 정서를 담고 있고, 여기서 진실의 형태는 "내가 밖에 비가 온다고 말할 때, 나는 진실하게 말하고 있는가?"에서처럼 '진실성truthfulness'이다.

② **개인의 외면**: '그것it'의 공간. 관찰을 통해 객관적으로 본다. 원자, 분자, 세포, 기관, 허파, 신장, 나무, 동물 등 모든 단일한 개체들의 형태나 행위를 포함한다. 여기서 진실의 유형은 "밖에 비가 온다는 것이 진실인가?" 또는 "물이 수소 원자 두 개와 산소 원자 한 개를 가지고 있다는 것이 진실인가?"에서처럼 '진실truth'이다.

③ **집합체의 내면**: '우리we'의 공간. 상호 간의 이해로 알게 된다. 공유하고 있는 가치관, 윤리관, 세계관 등을 포함한다. 여기서 진실의 형태는 "이 살인자에게 어떻게 하는 것이 정의로운 것인가?"에서처럼 '문화적 적합성' '정의' '적절성' '선'이다.

④ **집합체의 외면**: '그것들its'의 공간. 집단이나 시스템에 대한 객관적 관찰을 통해 알 수 있다. 시스템 및 집합적 구조, 사회제도, 수렵·채집·농경·산업·정보 등 생산기술·경제 양식 등을 포함한다. 여기서 진실의 형태는 "이런 현상들 모두가 함께 잘 어울리면서 하나의 단위로 올바로 기능하는가?"에서처럼 '기능

적 적합성functional fit'이다.

이 네 가지 주요 차원/시각은 두 개의 외면 영역을 하나의 객관적
또는 3인칭 영역(즉 '그것')으로 묶고, 거기에 2인칭 '너/우리' 영역
과 1인칭 '나' 영역을 합해서 세 개로 나누기도 한다. 그러면 '나·우
리·그것'(또는 '자기·문화·자연' '불·법·승')이라는 '빅Big3'가 된다.

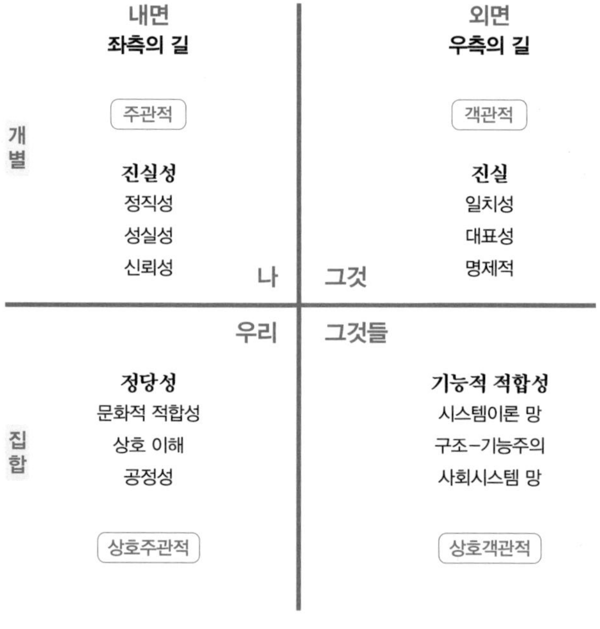

	내면 **좌측의 길**	외면 **우측의 길**
개 별	(주관적) **진실성** 정직성 성실성 신뢰성 나	(객관적) **진실** 일치성 대표성 명제적 그것
집 합	우리 **정당성** 문화적 적합성 상호 이해 공정성 (상호주관적)	그것들 **기능적 적합성** 시스템이론 망 구조-기능주의 사회시스템 망 (상호객관적)

그림 4.3 타당성 요건

이 AQAL 틀(전체 사분면, 모든 수준[구조 디딤판], 모든 라인[다중 지능], 모든 상태, 모든 유형)은 모든 인간 활동과 지식 분야에 적용해서 포용적 형태 또는 통합적 형태로 전환할 수 있다. 실제로 이 통합 분야의 주요 학술지인《통합이론 및 실천Journal of Integral Theory and Practice》은 현재 50개가 넘는 학문 분야의 논문을 발표했는데, 이 모두가 AQAL 틀로 재해석한 것으로, 50개 분야 모두가 자신의 분야를 통합적 버전으로 재정립하려고 시도했다. 한 가지 예로 그림 4.4를 보자. 이 그림은 AQAL 통합의학의 한 가지 버전이다(이 그림에는 사분면만 나와 있지만, 더 완전한 통합의학 버전에는 다른 AQAL 차원들 모두가 포함된다).

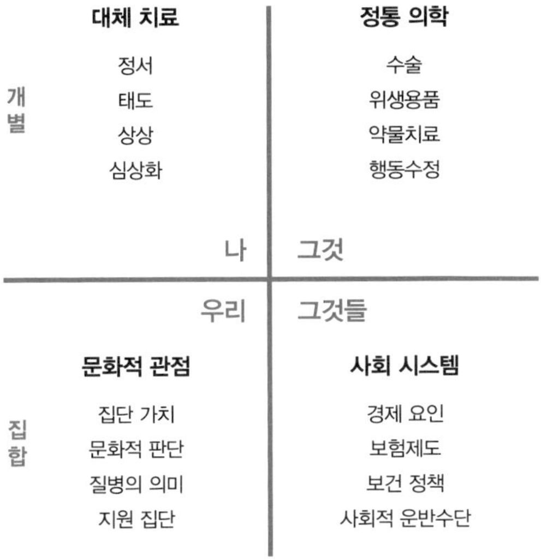

대체 치료	정통 의학
정서	수술
태도	위생용품
상상	약물치료
심상화	행동수정

개별

나 │ 그것

우리 │ 그것들

문화적 관점	사회 시스템
집단 가치	경제 요인
문화적 판단	보험제도
질병의 의미	보건 정책
지원 집단	사회적 운반수단

집합

그림 4.4 통합의학의 사분면

사분면은 영성에서도 중요한데, 영spirit도 이런 서너 개의 주요 시각을 통해서 볼 수 있기 때문이다. 이런 세 가지 시각(빅3) 모두가 진실하므로, 어떤 포괄적인 통합영성이든 세 가지 시각 모두가 반드시 포함되어야 한다는 것이 핵심이다.

3인칭 영은 위대한 생명의 망Web of Life이나 인드라의 그물Indra's Net처럼 영을 객관적으로 본 것으로서, 근대 및 탈근대 세계에서는 매우 잘 알려진 관점이다. 이런 관점은 우주 이야기에서 가이아 중심적Gaiacentric● 관점에 이르기까지 모든 관점의 배후에 있을 뿐만 아니라 종종 (집합적 외면, 즉 우측 하단 사분면에 초점을 맞춘) 시스템 이론과 결합되어 있다. 그러나 이 관점 역시 영의 객관적인 차원을 나타낸다는 점에서 진실한 것이다.

2인칭 영은 '위대한 당신Great Thou'이나 '위대한 지성'으로 여겨진 영, 살아 숨 쉬고 생명력 넘치는 실재로서의 우주로 여겨진 영이다. 그것은 또한 궁극의 실재는 어떤 면에선 언제나 위대한 신비, 위대한 타자이므로, 알 수 없고 확인할 수 없는 것임을 상기시켜주기도 한다. 2인칭 영은 마틴 부버Martin Buber(1878-1965)의 '나-당신' 관계로 알려진 신에 대한 아름다운 관념에서 드러난 것처럼, 감사

● 가이아Gaia란 고대 그리스인들이 대지의 여신에게 붙인 이름으로서, 지구를 은유적으로 나타낸 말이다. 영국의 과학자 제임스 러브록은 이것에 착안해서 지구를 단지 생명체를 지탱해주는 무생명의 암석 덩어리가 아니라 스스로 진화하고 변화해가는 생명체이자 유기체임을 강조하는 이론을 주장했다. 윌버는 이를 지구 중심적Planetcentric이라고 부르는데, 자아 중심, 민족 중심, 세계 중심, 지구 중심, 우주 중심처럼 특정 발달 수준의 관점에 붙인 명칭이다.

와 봉사로 인식된 영이다. 비유하자면, 영은 무한한 존재이자 빛나는 지성이다. 지성을 갖춘 존재란 하나의 인격체로, 비유적으로 말하자면 2인칭 영은 생생한 개인적인 관계, '나-당신' 관계로 접근할 수 있는 차원이다(구루 요가에서처럼 영적 스승을 살아 있는 영의 구현으로 여길 때, '당신'으로서의 그 스승 역시 2인칭 영이다). 궁극적 존재의 소리에 가슴이 열릴 때, 신의 현존을 느낄 때, 겸허하고 개방적인 자세로 들을 때, 이럴 때는 언제나 '신과의 대화'가 가능하다.

만일 자연에서의 진화의 정점이 인간이라면, 영적인 진화의 정점이 위대한 당신, 신이 아닐 이유가 무엇이겠는가? 나가르주나의 가르침을 떠올려보면, 공은 궁극적으로는 영을 나타내기 위한 은유였을 뿐이다. 거대한 생명의 망이라던가, 존재-의식-환희Sat-Citt-Ananda, 여호와, 또는 그 밖의 다른 모든 특성이나 긍정적인 특징 묘사들도 은유일 뿐이다. 하지만 최소한 상대적 진실이란 점에서 볼 때, 1인칭 영(위대한 '나': 뒤에서 논할 것이다), 2인칭 영(위대한 당신), 3인칭 영(위대한 그것 또는 진여)은 우리에게 영이 **온우주**의 모든 차원, 즉 네 사분면 전체의 기저이자 본질일 수 있음을 환기해준다.

영을 시각화하고 상상하고 특징을 부여하려고 한다면, 우리는 사분면이나 빅3로 시작해서 가용한 모든 시각과 차원들을 포함시킬 필요가 있다. 2인칭 신은 우리에게 인간이 맺고 있는 모든 관계에서 영spirit을 발견할 수 있다는 것을 알려주고, 우리가 그 2인칭 신과 하는 모든 대화가 가장 진실한 예배라는 것을 환기해준다.

자, 이제 대폭발Big Bang을 일으켰고, 원자, 분자, 세포로, 그런 다음 살아 있는 유기체로 진화한 지성, 초신성에서 성운에 이르기까지 하늘 전체로 폭발해서 마법, 신화, 합리, 다원 및 통합적 문화 영역을 초래한 지성, 빗방울 하나하나에서 맥박치고 모든 달빛에서 빛을 발하며 모든 눈송이에서 속삭이는 지성, 또한 살아 있는 모든 중생의 생명으로서 숨 쉬고 있는 지성, 그 지성이 지금 당신의 눈으로 직접 보고 있고, 당신의 손가락으로 이 책을 만지고 있고, 당신의 귀로 듣고 있으며, 당신의 감각으로 느끼고 있고, 당신의 의식을 통해 관찰하고 있다고 상상해보라. 이것이 1인칭 영, 당신의 유일한 참 자기로서의 영, 살아 있는 모든 존재의 눈을 통해 보고 있는 유일한 영, 존재하는 모든 중생의 가슴속에서 맥박치고 그 숨결을 타고 있는 똑같은 (온우주 전체에서 오직 하나뿐인) 참 자기이다.

당신의 내면에서 느끼는 '나의 존재성I AMness' 감각은 "아브라함이 있기 전에 내가 있다"와 똑같은 나의 존재성이며, 빅뱅이 일어나기 전부터 존재하는 바로 그 '나의 존재성'이다. 또한, 결코 시간의 흐름에 들어오지 않기에 시간을 초월한 '지금'에서만 발견되는, 그러므로 창조되지 않고 만들어지지 않아 형상 없고 제약 없는, 세상의 종말이 일어나더라도 존재하는, 온우주 전체의 자기이자 영인, 바로 그러한 나의 존재성이다. 바로 이 나의 존재성이 당신의 진정한 참 자기이다.

이 진정한 자기를 아주 빠르게 찾아낼 수 있는 간단한 방법이 있다. '내가 지금 느끼고 있는 그것이 바로 나의 자기Self'라고 단지 알아차리기만 하면 된다. 당신의 전형적이고 평범한 일상적 자기를 단지 인식해보라. 그렇게 하면서 거기에 두 개의 자기가 관여되어 있음에 주목하기 바란다. 거기에는 당신이 인식하는 자기, 즉 이 정도 키에 이 정도 몸무게, 이런 직업을 가지고 있고, 이런 관계를 맺고 있고, 이런 아이디어에 관심이 있고, 이런 영화를 좋아하는 자기가 있다. 그리고 그런 모든 대상을 실제로 인식하는 또 다른 자기, 즉 '관찰하는 자기Observing Self' '주시자Witness' '보는 자Seer'로서의 자기가 있다.

그런데 혀가 자신의 혀를 맛볼 수 없고, 눈이 자신의 눈을 볼 수 없듯이, '보는 자' 그 자체는 볼 수 없다. '보는 자'를 찾아내려고 시도하는 과정에서 무언가를 본다면, 그것은 그저 또 다른 대상일 뿐 진정한 '보는 자', 진정한 자기, 진정한 주체가 아니다. 이 관찰하는 자기, '보는 자'는 결코 대상으로 관찰될 수 없다. 진정한 '보는 자', 진정한 주시자를 추구할 때, 즉 '보는 자' 그 자신을 제외한 어떠한 '보이는 것'들도 '다 아님neti, neti'을 깨달을 때, 당신은 자유와 해방감을 느끼게 될 것이다(나는 산, 나무, 집, 차 등 대상을 본다. 그러나 나는 그런 대상이 아니다. 나는 감각을 하지만, 나는 그런 감각이 아니다. 나는 감정을 느끼지만, 나는 그런 감정이 아니다. 나는 생각을 하지만, 나는 그런 생각들이 아니다). 작고 유한한 것들의 무더기와 동일시하였던 '자기 정체성'으로부터의 해방감이다.

보이고 느껴지는 이 객관적 자기는 진정한 자기, 진정한 주체가 아니라, 그저 잘못 동일시해왔던 한 묶음의 대상들에 지나지 않는다. 이것은 개방되고 무한하고 자유롭고 해방된, 텅 빈 '견성見性·Self-

Awareness'이 아니라, 피부로 둘러싸인 자아(에고), 분리된 자아 감각, 자기 수축self-contraction과 동일시한 잘못된 정체성의 사례일 뿐이다. 이 분리된 자아 감각이 모든 괴로움, 공포, 불안, 고뇌, 고통, 번뇌의 궁극적인 원인이다.

파탄잘리Patanjali(요가경 편찬자)는 무지ignorance(깨닫지 못한 상태)란 "보는 도구를 보는 자와 동일시하는 것"이라고 정의한 바 있다. 필로소피아Philosophia가 비탄에 잠겨있는 보에티우스Boethius에게 "자네는 자신이 누구인지 잊어버렸군"이라고 말한 것도 같은 맥락이다.

당신 자신은 바로 순수한 1인칭 영, 대상 없는 순수 의식, 작은 주체와 객체를 인식하는 순수 주체, 즉 참 자기이다. 중관파와 유가행파는 이 참 자기에 대한 지고지순한 깨달음을 '공空' 또는 '해탈(개방된, 투명한, 꾸밈없는, 근본적인, 빛나는, 무한한, 무시간의, 영원한, 경계·분리·제한·결핍·결여·욕망·공포가 없는 궁극의 자유)'이라고 본다.

그렇다면 이 진정한 자기는 도대체 어디에 있는 것일까? 그 자기는 바로 지금 이 책을 읽고 있고, 주변의 모든 소리를 듣고 있으며, 바로 지금 이 방을 인식하고 있는 그것이자, 이 경이로운 세계 전체를 보고 있는 그것이다. 그것은 당신이 바로 지금 느낄 수 있는 것과 똑같은 '나의 존재성I AMness'이며, 당신이 지난주에, 지난달에, 지난해에 느꼈던 것과 똑같은 '나의 존재성'이다. 실제로 그것은 십 년 전, 백 년 전, 백만 년 전, 십억 년 전, 빅뱅이 일어나기 전과 똑같은 '나의 존재성'이다. 이 '나의 존재성'은 오직 무시간적인 '지금'에 존재하면서, 시작도 끝도 없는 모든 시간에 100퍼센트 완전히 존재한다. 결코 끝나지 않고 변하지 않는 유일한 경험은 바로 이 '나의 존재성'이다.

'위대한 나'인 1인칭 영은 '위대한 당신'인 2인칭 영과 '위대한 그것'인 3인칭 영(거대한 생명의 망 같은)과 똑같이 중요한 것이다. 그럼에도 이 세 영 중 어느 것이 진정한 영인가를 놓고 싸워왔고 지금도 싸우고 있다. 물론 통합 접근에서는 3~4개 차원 모두가 똑같이 진실하고 중요하며, 똑같이 존중받고 실현되고 포함되어야 한다고 주장한다.

영의 1-2-3을 다른 각도에서 보면, 붓다佛·Buddha(궁극의 나), 상가僧·Sangha(궁극의 우리), 다르마法·Dharma(궁극의 그것, 진여)이기도 하다. 네 개의 사분면 또는 영의 1-2-3은 이런 근본적인 **시각**들이 들어 있는 여러 형태들에 대해 환기시켜주며, 또한 그것들이 올바른 자리를 찾도록 환기시켜준다.

사분면에 관해서 마지막으로 언급하고 싶은 것은, 각 사분면에 있는 모든 요소들이 진화하고 있다는 것, 이 진화는 그들 모두에서 동시적이고 상호적으로 일어난다는 것이다. 우리는 이것을 '사중 진화tetra-evolution' '사중 규정tetra-enaction' '사중 파악tetra-prehension'이라고 부른다. 그렇게 부르는 이유는 사분면이 각기 다른 차원이고 다른 시각이긴 하지만, 실은 동일한 현상에 대한 다른 차원·시각들이기 때문이다. 즉 그것들은 같은 것을 4개의 다른 시각에서 본 것이라는 말이다.

예컨대, 우측 상단('그것') 사분면에 자리한 어떤 시냅스의 일정

양의 도파민(즉 특유의 뇌 상태)은 좌측 상단 사분면에서 특정 생각, 감정, 느낌(즉 특유의 의식 상태)으로 나타나는데, 이는 인식론과 존재론의 상보적이고 상호 규정적인 성질을 보여주는 것이라고 할 수 있다. 이는 어떤 현상을 보는 방식이 그 현상의 성질을 결정하는 데 영향을 미치고, 또한 보이는 현상의 성질은 보이는 대상을 결정하는 데 도움을 준다는 것을 말해준다. 이 둘은 분리된 차원이 아니라, 실은 같은 전체의 두 차원이다('우리'와 '그것들' 차원도 그렇다). 우주는 대규모로 짜여 있는 하나의 사상事像·Event이며, 네 사분면은 이런 기본적인 '섞여 짜임'에 대한 좀 더 분명한 네 가지 예일 뿐이다.

통합이론은 순간순간 생멸하는 존재자의 본질에 대한 신新화이트헤드 관점을 수용한다. 즉 각각의 순간(또는 미량의 경험)이 생겨날 때, 그 순간이 경험의 주체가 된다는 것이다(이는 각 순간이 어느 정도의 원시적인 예비proto 의식이나 시각, 또는 화이트헤드가 '파악prehension'이라고 불렀던 것을 가지고 있다는 의미이다. 여기서 '파악'이란 접촉감이나 느낌을 뜻한다). 그런데 통합이론에서는 매 순간이 홀론(스스로는 전체이지만 상위 전체에서의 일부분)이라는 점을 추가한다.

홀론은 매 순간에 네 가지 추동推動·drives을 부여한다. 자율적인 전체로 있으려는 **독자성**agency 추동과 관계 속의 부분으로 있고자 하는 **공동성**communion 추동은, 같은 발달·같은 복잡성·같은 의식 수준에서 작용하는 두 개의 '수평적' 추동이다. 한편 전체성과 복잡성이 더 큰 상위 수준의 의식으로 올라가려는 추동인 **에로스**와 전체성과 복잡성이 적은 하위 수준의 의식을 받아들이고 포용하려는 추동인 **아가페**는 두 개의 '수직적' 추동이다.

예를 들어, 하나의 분자는 그 자체의 전체성으로 있으려는 독자성 추동과 관계 속에서 다른 분자들과 결합하려는 공동성 추동을 동시에 가지고 있다. 또한 상위 수준의 전체성, 아마도 세포라는 전체성에 이르려는 추동인 에로스와 자신의 존재 안에 원자와 쿼크 같은 하위 수준을 포용하고 받아들이려는 추동, 즉 아가페도 가지고 있다.

이러한 네 개의 추동은 각기 병적인 모습도 가지고 있다. 도가 지나친 독자성은 자율성이 아니라 소외, 분리, 고립을 초래하며, 도가 지나친 공동성은 관계성이 아니라 용해와 융합, 타자 안에서의 자기 상실을 초래한다. 극단적인 에로스는 하위로부터의 초월이 아니라 하위 수준에 있다는 두려움과 압박감(포보스Phobos, 즉 공포)이며, 극단적인 아가페는 하위의 것을 수용하는 것만이 아니라 하위로, 궁극적으로는 생명 없는 물질로까지 퇴행하도록 한다(타나토스Thanatos, 즉 죽음의 충동). 프로이트는 에로스와 타나토스가 두 개의 주된 충동이라는 것, 그중 하나는 건강한 것이고 다른 하나는 병든 것이라고 파악했지만, 에로스와 아가페는 건강한 추동에 해당하고 포보스와 타나토스는 건강하지 않은 추동에 해당한다고 기재했어야 했다.

각각의 순간이 (사분면에서) 주체로 생성되면, 그 순간은 이전 순간의 주체를 파악하고 느끼고 포함하게 되므로, 이전의 주체는 결과적으로 대상이 된다. 새로운 순간의 주체 안에 이전 순간 또는 이

전 주체가 포함되므로, 과거는 현재에 결정적인 영향 또는 원인적인 영향을 미치게 된다. 현재 순간이 이전 순간을 (이제는 대상으로) 포함시킬 경우, 이전 순간은 현재 순간에 직접 포함되므로, 분명히 현재 순간에 네 사분면 모두에서 영향력을 갖는다. (4개의 사분면 모두가 서로 섞여 짜여 있고 상호 규정하기 때문이다. 만일 어떤 사분면이 뒤따라오는 후발자에 적합하지 않을 경우에는 홀론 전체가 소멸된다.)

그러나 화이트헤드에 따르면, 이전 순간이 현재에 영향을 미치고 결정하기는 하지만, 현재 역시 어느 정도는 그 자체의 창조성 또는 참신성을 가지고 있다. 이전 순간을 받아들이고 포함한 후에, 즉 주체를 대상으로 변환시킨 후에 새로운 순간, 즉 새로운 주체는 그 자체의 참신성 또는 창조성을 그 대상에 추가한다. 그런데 만일 그 홀론의 참신성 정도가 아주 작다면, 현재의 가장 큰 결정 요인은 과거의 **파악**과 **포함**이 될 것이고, 따라서 현재는 마치 엄밀한 인과성과 순수한 결정론 이외에 다른 것은 없는 것처럼 **보일** 것이다.

원자와 분자 같은 가장 단순한 홀론을 연구하는 과학은 결정론적 성향을 갖는 경향이 있고, 우주를 하나의 거대한 결정론적 기계처럼 보는 경향이 있다. 그러나 화이트헤드가 지적한 것처럼, 아무리 작은 양이라 해도 창조성이 전혀 없다고 할 수는 없다. 예컨대, 최소한의 참신성만 가지고 있는 원자조차도 분자로 발전했기 때문에 어느 정도는 창조성을 가지고 있다. 이런 발전은 정말로 대단한 창조적 이행이다(활동 중인 에로스). 상위 홀론(예컨대 동물)을 연구하는 과학자들은 자신들이 하고 있는 연구가 엄밀하게 결정론적이라고 생각하는 경우가 드물다. 어쨌든 물리학자는 지금으로부터 100년 후 목성이 어디에 있을지 정확하게 예측할 수 있겠지만, 생물학자는 우리 집 강아지가 지금으로부터 1분 후 어디에 있을지조차 예측할 수 없을 것이다.

그런데 화이트헤드는 이 '파악'의 전개가 주체-객체의 흐름 사이에서 일어나는 것으로 이해했지만, 통합이론에서는 그런 전개가 네 사분면 모두에서, 즉 심리-정신적 '나', 생물-물리적 '그것', 문화적 '우리', 사회적 '그것들'에서 일어난다고 본다. 따라서 우측 상단의 유기체('그것')에서의 돌연변이와 우측 하단의 생태사회 시스템('그것들')에서의 자연선택은 훨씬 거대한 진화 작용에서 단지 하나의 하부요인에 지나지 않는 것으로 보며, 상위의 더 큰 전체성으로 나아가려는 추동인 창조성, 즉 에로스는 네 사분면 모두에 있는(실제로 모든 홀론에 있는) 본래의 추동이라고 본다.

이것은, 다른 무엇보다도, 당신의 생각이 지금 바로 인간의 진화 흐름에 들어오고 있다는 것, 그리고 **사중 파악**적 결합에 의해 매 순간 앞으로 전달되고 있다는 것을 의미한다. 네 사분면 모두에서의 당신의 활동은 네 사분면 모두에서 진화에 직접적으로 영향을 미친다는 것이다. 만일 어떤 생각이 비교적 고정적인 우주관에 근거하고 있던 이전의 심층구조 수준에서 기원한 것이라면, 그 생각은 그 수준의 표면구조에 영향을 미칠 것이다. 만일 어떤 생각이 진화의 첨단 부근(오늘날의 세계에서는 청록색이나 비전-논리 또는 통합적 관점 부근)에서 일어난다면, 그 생각은 그 수준 자체의 구조를 결정짓는

데 직접 도움을 줄 것이고, 비교적 고정된 의식 수준으로 모든 미래 세대에게 전달될 것이다.

또한 그 생각은 우리 모두를 위한 새로운 도덕적 명령, 즉 정언 명령으로 이끌어갈 것이다. 이는 마치 당신의 행동이 모든 미래 인간의 행동을 좌우하는 고정된 구조의 일부인 것처럼 작용하게 된다는 말이므로, 미래의 진화된 인간의 모습은 우리에게 달려 있는 셈이다. 특정 사고와 활동이 반복될수록, 그런 것의 '**형태형성장**morphogenic field'**은 더 강력해질 것이고, 그럼으로써 비교적 고정된 우주의 홈groove, 모든 미래 세대를 위한 우주의 구조로 깊이 새겨진 현실적이고 존재론적인 진정한 홈으로 침전될 것이다.

예를 들면, 인간의 역사에는 사람들이 오직 몇 개의 기본 디딤판과 관점만 갖고 있던 때가 있었다. 즉 태고, 마법, 마법-신화의 세 개 수준만 있었던 시기에, 그 당시로선 매우 진화한 어떤 사람이 신화적 관점으로 생각하기 시작했다고 하자. 신화적 관점이 일반적으로 공동체적인 구조라는 점, 그리고 남성은 독자성과 에로스 지향적인 데 비해 여성은 공동성과 아가페 지향적이라는 점을 감안하면, 이 사람은 아마 여성이었을 가능이 크다.

• 루퍼트 셸드레이크Rupert Sheldrake가 제안한 개념으로, 유기체의 형태를 발달시키고 유지하는데 관련된 장을 말한다. 이 관점에서는 유기체가 단백질 합성에 필요한 물질적 유전자만이 아니라, 특정한 모습의 형태를 취하게 하는 비물질적인 형태 장도 물려받는다고 본다. 윌버는 이 개념을 확장해서 우리가 '자연법칙'이라고 말하는 것은 실은 오랜 기간 반복적으로 축적되어 생긴 '우주의 습관cosmic habits'이라고 말한다.

아무튼, 그녀는 좌측 상단, 즉 '나' 사분면에서 작용하면서, 그런 신화적 방식의 생각을 그런 생각에 개방적이었던 다른 많은 여성 친구와 소통하기 시작했을 것이고, 신화적 관점이 통용되는 '우리' 공동체를 만들기 위해서 우측 상단 '그것' 사분면의 행동을 시작했을 것이다.

그녀의 이야기를 들은 여성들은 이런 관점을 이해할 수 있었던 배우자에게 이 관점을 전달했을 것이다. 네 사분면 모두에서 여러 조건들이 이 관점에 호의적이었다면, 그 관점은 진화에 의해 사중 선택되고 네 사분면 모두에서 앞으로 전달되어, 결국 우측 하단 '그것들' 사분면에 신화적 사회제도, 즉 신화적 시스템의 기초를 형성하게 되었을 것이다. 이런 신화적 공동체가 성장해서 이전의 지배적인 관점을 붕괴시키는 사회 문화적 대격변기를 견뎌내고 살아남게 되면, 다른 공동체도 형태 공명morphic resonance을 통해서 이 **온 우주** 홈을 선택할 가능성이 더 커질 것이다.

처음에는 그 관점의 기본 심층구조에서 상당한 변이가 있었겠지만(여기서 요구되는 것은 그 관점이 선행자를 초월하고 포함하는 것이다), 한 가지 버전이 반복적으로 자주 선택되어서, 그 관점의 형태형성장이 더 우세하게 되었을 것이다. 선구적인 이 여성의 생각과 똑같은 핵심 특징이 반복되어왔기 때문에, 오늘날 전 세계 어떤 문화에서든 이 신화 단계의 심층구조는 동일하다. 수천 년 전 이 여성은 독창성과 창조성, 그리고 남들과 다르게 생각할 용기를 가지고 있었던 것이다.

그러므로 오늘날 우리 모두는 통합적 관점의 심층 특징을 공고하게 구축하고 있다고 할 수 있을 것이다. 당신은 어떻게 기여할 것인가? 그런 관점을 만들어내는 데 직접 도움을 주든, 아니면 단지 그런 관점을 공부하든, 어느 쪽이 되었든 당신은 나름의 영향을 미치고 있는 셈이다. 역사의 흐름 속에서 그런 통합적 영향력을 미칠 수 있는 위치에 도달해 있는 당신을 환영한다.

5. 유형론

유형론typologies이란 간략하게 말하면 '남성적/여성적' 같은 단순한 유형에서 마이어스−브리그스 성격유형 검사MBTI, 또는 에니어그램Enneagram 같은 좀 더 복잡한 유형에 이르기까지, 구조가 발달하고 상태가 발달하더라도 근본적으로 동일하게 남아 있는 성질 또는 특성을 말한다.

예컨대, 당신이 에니어그램에서 5번 유형에 해당한다면, 태고, 마법, 신화, 합리, 다원 및 통합 단계에서도 5번으로 남아 있을 가능성이 클 것이다. 다양한 유형들이 얼마나 극적으로 다른지, 예컨대 에니어그램 4번과 7번이 실제로 얼마나 다르게 세계를 보며, 얼마나 다른 특성, 다른 추동, 다른 욕구, 다른 방어, 다른 두려움을 가지는지를 잘 알게 되면서, 유형론은 점점 더 중요한 요인이 되고 있다.

다양한 영적 시스템, 성장기법, 치료기법 등은 근본적으로 그런 것을 고안해낸 창시자나 창안자들의 성격 특성을 반영하며, 같은 유형을 갖는 사람에게는 잘 적용되지만, 그렇지 않은 사람에게는 그다지 잘 적용되지 않는다는 사실이 확연히 드러나고 있다. 그렇기 때문에 당신이 중요한 메시지나 영적인 가르침을 가지고 있다면, 구조 관점에서 그랬던 것처럼, 그 중심 원칙이 각 유형에서 어떻게 받아들여질지에 맞춰서 설명하는 것이 중요하다. 많은 사람들이 실제로 그 메시지나 가르침을 듣고 이해할 수 있을 가장 확실한 방법은 이 방법뿐이다.

유형론은 그 종류가 너무나 많아서 유형론 전부를 고려하는 것은 사실상 불가능하다. 가장 좋은 방법은 잘 갖춰져 있고, 기록이 풍부하고, 자주 사용되고, 반복해서 유용성을 보여준 한두 가지 유형론을 선택하는 것이다. 내가 특별히 좋아하는 두 가지 유형론은 단순한 남성/여성 유형론과 좀 더 세련된 에니어그램 유형론이다.

남성과 여성의 차이점에 대한 다양한 관점은 인류 역사만큼이나 오래되었다. 이런 차이점들은 대부분 문화적으로 형성된 문화 특유의 것이긴 하지만, 남성은 평균적으로 상체의 힘이 더 강하고 여성은 출산과 수유를 한다는 것 같은 매우 일반적인 몇 가지 특징들은 종종 문화와 상관없는 것임을 보여주기도 한다.

자넷 체페츠Janet Chafetz 같은 여성학자들은 시스템 이론을 사용해서, 그런 두 개의 단순한 생물학적 특징만으로도 대부분의 문화에서 나타나는 매우 다른 성 역할을 충분히 설명할 수 있다는 점을 보여주었다. 남성은 공적/생산 영역을 담당하고 여성은 사적/생식 영역을 담당하는 이런 경향성은, 가부장적인 강압 때문이 아니라 단순한 생물학적 차이 때문이라는 것을 보여준 것이다.

그러나 급진적 페미니스트들은 생물학적 요인이 마치 운명처럼 보일까 봐, '모든 남자'가 아니라 '모든 사람'이 평등하게 태어난다고 믿으면서, 생물학적 차이점의 중요성은 말할 것도 없고, 그런 차이점의 존재조차도 부정했다. 법적 평등, 정치적 평등, 교육적 평등은 남녀의 차이점과는 별개의 문제이고, 그런 평등이 고상한 이상이라는 데는 이론의 여지가 없을 것이다.

하지만 신체 기능상의 평등은 그다지 와닿지 않을 뿐만 아니라, 대다수 사람의 경험과도 일치하지 않는다. 예컨대, 호르몬의 차이에 대한 현대의 연구는, 남성 호르몬인 테스토스테론이 섹스나 공격성과 밀접하게 관련되어 있는 데 비해, 여성에게 많은 옥시토신 호르몬은 강력한 관계성 물질임을 보여준다. 옥시토신은 여성에게 강력한 모자 결속과 큰 정서적 감수성을 주기 위해 진화되었을 가능성이 크다. 나는 여성들은 18단계의 감정 세기와 종류를 인식하는 데 비해, 남성은 전진과 후퇴라는 두 가지 감정만 인식할 뿐이라고 농담하곤 한다.

통합적 접근에서는 이런 생물학적 차이 때문에 당혹스러워하지 않는다. 그런 차이는 사분면 중 하나인 개인의 외면(우측 상단 '그것' 사분면)만을 차지할 뿐이다. 그 차이는 다른 사분면에 의해 수정되거나 역전될 수도 있다. 우리는 길리건에서 시작된 유명한 생물학적 사분면을 고려하면서, 근대와 탈근대 연구자들이 인식한 것처럼 최소한 남녀의 진화적 차이와 서로 다른 욕구, 강점, 약점 및 선호를 인식해야 할 것이다. 앞에서 보았듯이, 길리건의 연구는, 남성은 자율성, 권리, 독자성, 정의, 서열이라는 측면에서 사유하는 경향이 있고, 여성은 관계성, 배려, 책임, 공동성, 무서열이라는 관점에서 사유하는 경향이 있음을 보여주었다.

이런 차이점은 매우 다른 다양한 방식으로 그 역할을 하고 있다. 예컨대, 남성은 감정을 억제한 채 초연하고 단호한 자세로 자신의 내적 경험을 몇 시간이고 관찰하면서, 움직이지 않고 고정된 자세로 편안하게 앉아 있을 수 있다. 감정 없는 부동의 자세는 남성들에게 익숙한데, 이는 사냥감이 오기를 끈기 있게 기다려야 했던 까마득한 옛날 사냥꾼 시절로까지 거슬러 올라간다.

여성은 종종 동작이나 춤 등의 움직임이 포함된 명상을 더 편안해하며, 그들의 감정을 박티bhakti, 즉 헌신적 사랑으로 표현하곤 한다. 물론 남녀 모두 어느 쪽이든 할 수 있다. 그것은 그저 이런 선천적인 경향성을 인식하고 적절한 곳에서 그런 것들을 고려하느냐의 문제일 뿐이다. 물론 이러한 차이는 그들 사이의 관계에서도 규칙적으로 드러난다. 남성은 여기저기서 성적으로 부도덕한 행동(낭비)을 저지르는 데 바쁘고, 여성은 '남성의 개입 공포'로 인해 슬퍼한다.

이런 남녀 성별 차이만큼이나 중요한 것으로, 성공적인 남녀관계에 훨씬 더 영향력이 큰 것은 구조 발달 수준이다. 가령 어떤 커플이 한 사람은 신화 수준에, 다른 사람은 합리 수준에 있다면, 그들은 1년 이상 관계를 지속하기 어렵다. 같은 구조-단계에 있는 사람들은 다른 차원들에서는 차이가 있더라도 일반적으로 꽤 잘 지내는 편이다. 하지만 남녀가 서로 다른 비율로 발달하게 되어 구조가 한두 수준 벌어질 경우, 어느 날 아침 잠에서 깨어났을 때 옆자리가 비어 있는 것을 보게 될지도 모른다.

마틴 유칙Martin Ucik은 《통합적 관계Integral Relationships》라는 멋진 책에서 AQAL 통합적 조망을 기반으로 '관계'를 분석한다. 즉 사분면('나' '우리' '그것'의 **시각**), 발달 수준(구조 디딤판과 관점들), 발달 라인(다중 지능), 의식 상태, 그리고 유형이라는 점에서 관계를 분석한다. 그렇게 해서 그는 파트너가 모든 차원에서 차이가 있더라도, 발달 수준(즉 구조 디딤판) 하나만 일치하면 잘 어울릴 수 있다는 점을 밝혀냈다. 서로 다른 디딤판 수준에 있는 커플들에게 그가 할 수 있는 조언은 "유감이군요"가 전부이다. 어쨌든 증거가 보여준 것은 그런 것이었다.

이런 결과는 영적 스승과 제자들 사이에서도 중요한 함의를 가진다. 영적 스승들, 특히 명상 스승들은 제자들보다 훨씬 높은 의식 **상태**까지 발달해 있는 경우가 일반적이다. 그러나 그런 스승들은 같은 발달 **구조**-수준에 있는 제자들에게나 매력적으로 보일 것이다. 예컨대, 합리적 스승과 다원적 제자는 차이점을 너무나 많이 갖고 있을 것이고, 따라서 스승은 그런 모든 차이점을 제자의 고약한 에고, 부인되어야 할 자아 탓으로 해석할 것이다. 반면 제자는, 상태에 대한 많은 조언들이 매우 지혜롭고 유용한 것이라는 점을 발견하더라도, 구조에 대한 조언은 완전히 빗나간 것임을 알게 될 것이다. 이럴 경우 사제 관계를 지속할 수 있는지에 대해서는, 나 역시 "유감이군요"라는 말밖에는 달리 해줄 말이 없을 것 같다. 이것이 모든 포괄적인 영성에 구조와 상태 모두가 반드시 포함되어야 하는 또 다른 이유이기도 하다. 제자의 상태 발달이 향상해가면서 사제 관계가 계속될 때, 구조에 대한 이해는 유사한 구조에 기초한 좋은 조언과 다른 구조에 기초한 터무니없이 조언을 구별할 수 있도록 도움을 줄 것이다.

에니어그램은 9가지 기본 유형으로 구성된 세련된 유형론이다. 1번부터 9번까지 순서대로 보면, 완벽주의자perfectionist, 수여자giver, 수행자performer, 낭만주의자romantist, 관찰자observer, 질문자questioner, 쾌락주의자epicure, 보호자protector, 중재자mediator가 그 유형이다. 이름만 보아도 유형들이 얼마나 다른지 알 수 있을 뿐만 아니라, 유형마다 건강한 표현과 건강하지 못한 표현, 서로 다른 강점과 약점, 서로 다른 감정과 방어, 서로 다른 영적 연결을 가지고 있음도 짐작할 수 있을 것이다. 어떤 영적인 수행방법은 특정 유형과 더 잘 어울릴 수도 있고, 그 방법이 유형과 맞지 않을 경우에는 피해를 입힐 수도 있다.

헬렌 팔머Henlen Palmer는 에니어그램으로 특히 이 분야에서 훌륭한 작업을 하고 있다. 하지만 그 주제에 관한 엉터리 책도 부지기수로 많다. 전반적인 발달에서 제자가 도달해 있는 곳을 좀 더 정밀하게 이해하는 데, 그리고 가르침과 수행을 특정 성격유형에 적합하게 맞추는 데, 에니어그램이나 그와 유사한 유형론을 사용하라는 것이 핵심 포인트이다. 그렇게 하면 영적 수행과정에서 제자의 키나 민족적 배경처럼 바꿀 수 없는 것을 바꾸기 위해 쓸데없이 시간과 노력을 낭비하는 일은 사전에 막을 수 있을 것이다.

6. '우리'의 기적

상당한 관심을 불러일으키고 있는 또 하나의 중요한 아이템은 일반적으로 '우리 훈련We practices'이라고 불리는 것이다. 이는 '하나의 집단이 **집단으로서** 작용하는 훈련'으로, 집단 전체가 하나의 '집단 실체'로 진화하거나 변형하는 것이 목표이다. 이것은 개별적 훈련을 하는 개인들이 함께 모인 집단이 아니라, 집단 그 자체로서의 집단 훈련이다.

"다음에 오실 붓다는 상가(전체로서의 불교 수행자 집단)일 것"이라는 말이 있다. 어찌 보면, 이 말은 '녹색'의 상투적인 이야기에 지나지 않을 수도 있다(녹색에서는 '개별성' 자체를 거의 죄처럼 보고, 집단, 팀, 집합적 활동을 열렬히 지지하고 적극적으로 참여하기 때문이다). 하지만 경우에 따라서는 이 말이 더 큰 의미를 가질 수도 있다. 이미 2층(포용적이고 통합적인, 이전의 모든 발달단계를 적극적으로 잘 이해하는, 역사적으로 유례가 없는 진정한 참신성 수준)에서 전적으로 새로운 유형의 '나'가 출현하고 있으므로, 통합 단계와 그보다 상위 단계에 있는 사람들로 이루어진 전혀 새로운 고차 유형의 '우리'가 출현할지도 모른다는 인식이 그것이다. 이 고차 유형의 '우리'는 어떤 모습일까? 우리는 그 '우리'에 어떻게 참여할 수 있을까?

앞에서 보았듯이, 세계 전역에서, 특히 통합서클에서 이 주제에 상당한 관심을 보여왔는데, 현재 일부 소수의 전문가들은 다양한 '우리 훈련'을 적극적으로 모색하며 실제로 실험하고 있다. 아마도 이 분야에서 가장 영향력 있는 최초의 인물은(최소한 지난 세기) 데이비드 봄David Bohm일 텐데, 그는 자신이 쓴 《대화에 관하여On Dialogue》에서 "세계는 지나치게 자기 중심적이고 조각나고 단편화된 사고로 인해 끔찍한 상태에 놓여 있다"라고 주장하면서, "대화로 추진되는, 즉 가정과 판단을 중지하고 정직하고 투명하게 참여하면서 연결을 유지하는 새로운 사고방식은 세계적 위기를 다룰 수 있는 창조적 사고의 문을 열어줄 것"이라고 주장했다.

프란시스코 바렐라Francisco Varela('자기생성autopoiesis'* 개념의 공동 창시자)와 오토 샤머Otto Sharmer('U'프로세스 연구의 창시자)는 다음과 같은 내용에 기초한 집단 과정을 추천하였다.

(1) 과거의 연상과 지식의 **중지**

(2) 집단 장을 공동으로 규정하는 인식. 대상에서 물러나 무시간

• 그리스어로 자기/스스로self를 뜻하는 'auto'와 생산production이나 창조creation을 뜻하는 'poiesis'를 합성한 단어로, 스스로 자신을 창조·생산해내는 '자기생성'을 의미한다. 칠레의 생물학자 마투라나Humberto Maturana와 인지과학자 바렐라Francisco Varela가 소개한 개념이다.

적 현재로 **인식의 방향전환**

(3) **가게 놔두기**(그리고 '오게 놔두기') 및 '추구'에서 물러나기

오토 샤머는 이것을 그의 U프로세스로 확장시켰는데, 이 과정에서는 실질적으로 의식의 세 가지 주요 상태를 다루고 있다. 즉 조야 문제에 대한 상세하고 전반적인 인식 갖기, 정묘 의식으로 전환하여 그곳으로부터 그 문제 보기, 그런 다음 새로운 해결책에 접근하게 하는 원인적 근원과 의지 및 창의성 끌어내기, 새로운 해결책을 구체화하기 위해 정묘 차원으로 돌아오기, 마지막으로 조야 영역에서 그 해결책 구현하기가 그 과정이다(즉 조야에서 정묘, 원인으로 가고, 그런 다음 정묘, 조야로 다시 돌아오기).

앤드류 코언Andrew Cohen은 일종의 '상호주관적 요가'(좌측 하단 사분면)를 추천한 바 있다. 이 요가에서 개인은 자기 정체성을 버리고, 대신 인식 자체 및 '존재의 기저'와 동일시하며, 특히 진화적 충동 자체와 그 절박성에 동일시한다. 그런 다음, 이 진화적 지성으로 하여금 모든 집단 구성원을 통해서 말하도록 하는데, 이런 과정을 올바로 훈련했을 경우 참여자들은 종종 '집단 깨달음' 같은 느낌을 보고한다.

올렌 군라우그손Olen Gunnlaugson은 다양한 관점에서 상호주관성을 검토하면서 '관조 교육의 2인칭 형태 수립하기establishing second-person forms of contemplative education'에 대하여 상당한 연구를 수행해왔다. 또한 모제Moze와 함께 〈주시에 순복順服하기: 집단 내에 집합적 지능을

수립하기 위한 기본 훈련Surrendering into Witnessing: A Foundational Practice for Building Collective Intelligence Capacity in Groups〉(Practice, vol. 7, no. 3)이라는 중요한 연구도 수행하였다.

마르티노Martineaus도 멤버들 간의 투명한 접촉을 가능하게 하는, 즉 '나의 것'이 아닌 '우리의 것'에 중점을 두도록 개방하는 '우리 훈련' 분야에서 매우 의미 있는 연구를 수행해왔다.

토머스 휘블Thomas Hüble 역시, 예컨대 조야 그림자 성분을 취해서, 정묘 및 원인 요소 안에서 그 그림자 뒤에 있거나 그 밑에 있는 요소를 '그들 없는 우리'의 장으로 읽어내는 작업을 하는 매우 중요한 연구를 수행하였다.

데커 쿠노프Decker Cunov와 그의 동료들은 볼더Boulder 통합센터에서 '순환하기circling'라는 훈련을 개발했는데, 이 훈련에서 집단 성원들은 타인에게 초점을 맞추고 매 순간 모든 반응을 솔직하고 개방적으로 보고하도록 배운다. 이 훈련은 전체로서의 집단에서 비범한 친밀감을 경험하는 순간으로 이끌어갈 수 있다고 한다.

앞에서 언급한 더스틴 디페르나Dustin Diperna 역시 몇 개의 수준(인습적, 개인적, 비개인적, 상호적, 변형적, 각성적, 진화적, 온우주적)을 거쳐 진화하는 '우리' 자체를 포함하는 '우리 훈련'을 연구해왔다. (나는 이 연구에 일반적으로 동의하긴 하지만, 이 '우리'는 매우 섬세하고 복잡한 문제라는 점을 언급해야 할 것 같다. '우리' 자체는 지배적 모나드를 갖고 있지 않고, 다만 지배적 공감 또는 담론 양식만을 갖고 있기 때문이다. 앞에서 언급했듯이, 예컨대 하나의 홀론인 우리 집 강아지가 일어나 방을 가로

질러 걸어갈 경우, 그 강아지의 세포, 분자, 원자도 마찬가지로 100퍼센트 일어나서 방을 가로질러 걸어가게 되는데, 이는 강아지의 지배적 모나드 때문이다. 그러나 그런 식으로 구성원을 통제하는 집단이나 집합체는 없다. 집단 구성원들은 그런 식으로 통제받기보다는 구성원 각자의 온우주 주소 또는 심지心誌·psychograph*에 따라 서로 '공명'하게 된다. 따라서 더스틴이 발견한 '우리' 수준들은 특정 심지를 갖는 특정 개인들로 결합되어 있을 가능성이 크다. 즉 집단 구성원 모두가 녹색이나 암녹색 또는 그 이상의 수준에 있었고, 모두가 상위 상태에 접근할 수 있었고, 모두가 그림자 작업을 했을 것이다. 적색 수준의 집단도 같은 순서로 그런 같은 수준을 통해서 진행해갈 수 있었을지는 분명하지 않다. 그러나 그의 연구는 내가 전적으로 지지하는 중요한 탐색적 연구임은 분명하다.)

테리 패튼Terry Patten은 '우리 훈련' 분야에서 상당수의 중요한 이론적 연구와 생활 실험을 수행하고 '통합 초수사학적 실천Integral Trans-Rhetorical Praxis'이라는 자신만의 특별한 '우리 훈련'을 만들어냈다. 이 훈련에서는 '설득'이나 '가르침'보다는 '끌어올리기uplift'와 '심화하기deepening'에 초점을 맞춘다. 그의 훈련에서 첫 번째 단계는 관련된 일반적인 통합이론을 3인칭 술어로 기술하는 것이다. 그런 다음 일종의 1인칭 고백 모드로 전환해서, 그가 아이디어를 전달할 때 어떤 사람이 그 말을 바보 같다거나 위협적이라거나 불필요한

---

* 심지psychograph: 한 개인의 발달 라인들(인지, 정서, 도덕성, 자기, 영성 등)이 각기 어느 정도 성장 발달했는지를 비교해 볼 수 있도록 시각적으로 보여주는 그림을 말한다.

것이라고 생각하는 그 순간에, 그가 정확히 어떻게 느끼는지에 대해 말한다. 이것은 앞에서 말한 대로 개방적이고 노골적인 고백으로, 추상적이고 철학적인 술어에서 매우 개인적이고 친밀한 술어로 상태를 전환시킨다.

그런 다음 그는 '귀에 거슬리는 진실 말하기' 상태에서 집단에게 이야기하고, 다른 사람도 비슷한 유형의 이야기를 나누도록 인도한다. 이런 과정들이 실제로 잘 진행되면(때로는 잘 진행되고, 때로는 그렇지 않을 수 있다), 전 과정이 일종의 집합적 지능이라는 초hyper 공간으로 도약하는데, 거기서 '우리' 자신이 이런 새로운 분위기에서 어떻게 작동하고 기능해야 하는지를 배우는 것으로 보인다. 이 시점에서, 이런 집단 지능의 보호하에 모든 시각(1인칭, 2인칭, 3인칭), 모든 담론 유형(틀 짓기, 주장하기, 설명하기, 탐구하기), 모든 탐색 모드(초수사학적, 초합리적, 초개인적)가 이 놀이에 들어올 수 있게 된다. 이 훈련 역시 제대로 작동할 경우, 이 분야의 많은 훈련이 그런 것처럼, 환희와 영감, 영적인 신성함, 창의적 느낌을 불러일으킨다.

그런데 이런 식의 훈련들이 너무나 많은 조잡한 흥분을 만들어냈기 때문에, 이에 대해 톰 머리Tom Murray는 《빔즈 앤드 스트럿츠Beams and Struts》에 게재된 〈메타 상가, 인프라 상가: 그게 아니라면 친애하는 친구여, 이 '우리'는 누구인가?〉라는 제목의 글에서, "이 영역에서 일어나고 있는 많은 논의는 산만하고, 엉성하게 정의되어 있고, 흐리멍덩하다"라고 지적한다.

톰 머리에 따르면, 실제로 이러한 다양한 훈련들은 (1)**감정** (2)**공유된 의미** (3)**상태 경험** (4)**창발적인 집합적 실체** (5)**집합적 행위**에 관여할 수 있다는 것이다. 그의 지적은 옳다. 정확히 그래야 한다는 게 나의 의견이다.

'우리 훈련'에서 당면한 문제는 진화 그 자체의 문제이다. 진화는 개별적 영역에서 이제 겨우 2층에 진입해 있다. 같은 고도(이 경우에는 암녹색이나 청록색 수준, 때로는 그보다 상위)에 있는 '우리'를 생성해내기 위해서는, 2층에 도달해 있는 개인적인 '나'의 숫자가 얼마가 되었든, 어느 정도는 필요할 것이다. 그러나 우리는 어떻게 이 개인들을 하나의 공동체로서 2층에 안정적으로 진입하도록 '변형transformation'시킬 수 있을지 아직 모른다. 사실, '변형'은 심리학에서 전반적으로 잘 이해하지 못하고 있는 주제이다. 우리는 정확히 어떤 요인들이 일관성 있게 변형을 이루어내는지 모른다.

마가렛 말러Margaret Mahler는 유아와 아동의 발달 과정을 역사상 누구보다 주의 깊게 관찰한 후, 결국에는 매우 발달한 사람이 되는 데 도움이 되는 요인이 무엇인지 꼭 집어 지적하기를 포기했다. 그러고는 "발달의 가장 큰 몫은 유아에게 남겨져 있다"라고 결론 내렸다. 모든 점에서 엉망인 것처럼 보였던 부모도 건강하고 행복한 어린이를 길러낼 수 있었는가 하면, 모든 것이 완벽해 보였던 부모도 야비한 성격의 자식을 만들어냈기 때문이다. 그 요인은 대체로 유아 자신에게 달려 있는 것처럼 보였는데, 이런 것은 일반적으로 보통의 진보적인 부모나 교육자는 듣고 싶어 하지 않는 말일 것이다.

물론 이것이 성장을 돕는 노력을 그만두어야 할 이유는 아니다. 사람들은 발달 과정과 발달의 상위 통합 단계에 대한 설명을 처음 읽고는, "이건 정확히 나에 관한 이야기야!"라는 엄청난 "아하!" 경험을 하기 때문에, 거의 언제나 '통합' 접근에 심취한다. 그리고 대부분의 그런 사례에서, 그런 경험을 잘난 척하는 과대평가로 여기기보다는, 자신들이 미친 것이 아니었다는 엄청난 안도감과 해방감을 느낀다. 그들은 마침내 세계 전반을 보는 그들의 전체론적·시스템적·통합적 방식이, 주변에 있는 거의 모든 사람들이 생각하는 것처럼 상궤를 벗어난 것이 아니라, 실제로는 역사상 이전의 어떤 단계보다 더 깊고 높고 넓은 진정한 인간의 발달단계라는 것을 알게 되는 것이다.

그들이 정확히 **어떻게 해서** 통합 단계에 이르게 되었는지에 대해서 심리학자마다 나름의 이론을 가지고 있기는 하지만, 어떤 심리학자도 진실로 이해하거나 완전히 이해하지는 못하고 있다. 앞서 보았듯이, 정신분석학의 경우에는 일관성 있게 현 수준에서 건강을 유지할 만큼 충분한 만족감을 주면서도 그것에 고착하거나 매몰되지 않도록 하는 '선택적 좌절'을 적용한다.

로버트 키건의 경우, 현 수준에는 도전하고 상위 수준에 대한 반응은 지원하는 '도전과 지원'의 올바른 조합을 제안한다. 그러나 실제로 그런 것들을 모든 행위에 정확히 어떻게 적용해야 하는지는 아무도 완전히 이해하지 못하고 있다.

통합 연구소에서는 '통합생활 훈련'이라는 훈련을 집합적으로 사용하고 있는데, 이 훈련은 '차원 교차 훈련dimensional cross-training'이라는 원리하에 진행된다. 예를 들면, 어떤 명상집단을 택해서, 그저 명상만 하는 사람과 명상과 운동을 겸하도록 한 사람으로 나눠 훈련할 경우(각 집단에서 전반적인 훈련 시간은 같게 한다), 명상만 한 사람들보다 명상과 운동을 병행한 사람들이 더 빠르게 명상 수준이 향상되었음을 보여주는 다수의 연구가 있다. 이런 연구를 볼 때, '교차 훈련'은 양쪽 차원 모두를 촉진하는 것처럼 보인다. 따라서 통합생활 훈련에서는 AQAL 틀을 사용해서 신체, 마음, 영(조야, 정묘, 원인), 그림자와 자기self('나'), 문화('우리'), 자연('그것') 모두에서 훈련을 실시한다. 관심 있는 독자는《통합생활 훈련Integral Life Practice》(Shambhala, 2008)을 읽어보기 바란다.

'우리 훈련'의 경우, 사람들이 처음 통합이론을 접했을 때 가졌던 "아하!" 경험과 똑같은 경험을 '우리' 차원에서도 할 수 있다는 사실을 알게 된다는 것이 포인트이다(좌측 상단 사분면은 사분면 전체에서 사중 규정되기 때문에, 좌측 하단 사분면에도 상관물을 갖고 있다). 그들은 이 '통합적 우리'의 발견과 그 '우리'의 정교화가 우측 하단 사분면에서 통합적 제도를 충족시키기 위한 필수조건이라는 것도 인식하게 된다. 따라서 현재 우리가 직면해 있는 일련의 세계적인 위기를 감안할 때, '통합적 우리'를 발견해야 하는 절박성은 더 말할 나위도 없어 보인다.

그러나 진화는 자신의 방식으로 진행해간다. 마이크 머피Mike

Murphy는, 진화는 "곧장 전진해가기보다는 굽이쳐 흐르는" 경우가 더 많다고 환기시킨다. 그것은 모든 사분면(나, 우리, 그것, 그것들)에서의 일반적인 통합 단계에서도 마찬가지다. 다시 말하지만, 5퍼센트 남짓한 인구가 통합 수준에 있을 뿐이고, 그 사람들조차도 아직은 자기 정체성을 학습하지 못한 상태이다(통합 단계에 있는 사람들 대부분은 자신들이 그 단계에 있다는 것을 모르고 있다). 따라서 '우리 훈련'이 탐 머리가 지적했던 영역들 전반을 배회하고 있다는 사실은 이해할 만한 일이며, 또한 바람직한 일이기도 하다.

우리는 그런 영역들, 즉 감정, 공유된 의미, 상태 경험, 집합적 행위 등, 이 모든 것을 어떻게 본격적으로 착수해야 하는지를 통합적 시각을 통해 배우고 있다. 그러나 아무리 찾아보아도 아직은 이런 것들에 대한 지침서가 보이지 않는다. 우리가 확신할 수 있는 것은 에로스가 사분면 모두에서 변형이 일어나도록 지속적으로 압력을 행사하리라는 것, 그리고 인간은 그런 압력에 어떤 방식으로든 반응하리라는 것이 전부이다. 진화는 학습 과정과 마찬가지로, 수많은 시행착오를 겪으면서 작동한다. 따라서 우리는 통합으로 가는 전반적인 여정에서 많은 시행착오를 겪으며, 더디긴 하지만 더 위대한 진·선·미를 향한 확실한 성장을 목격하고 있다.

마지막으로, 일반적으로는 '우리'에 대해서, 특별하게는 '우리 훈련'에 대해서 언급하고 싶은 것이 하나 남아 있다. 특정 집단에서 그 집단이 성취할 수 있는 깊이나 높이를 결정하는 하나의 요인은 멤버 각자의 심지psychograph일 것이다. 현재 전 세계 인구의 5퍼센트가 통합 단계에 있긴 하지만, 겨우 구성원 5퍼센트만이 통합 단계에 있는 현재의 집단에서는 상호 간의 공명(그리고 전반적인 지배 관계의 힘)이 매우 낮은 수준에 있을 것이므로, 결코 '통합적 우리'를 형성할 수 없을 것이다.

혹자는 통합비전을 때로는 '엘리트주의'라고 말하기도 한다. 그런 말이 올바른 묘사이긴 하지만, 모든 사람이 엘리트로 초대된다는 점에서 일반적인 '엘리트주의'와는 다르다. '통합적' 아이디어에 매력을 느끼는 사람은 대체로 그 발달이 통합 수준에 있다는 사실은 명백하고, 현재로선 그런 사람이 비교적 적은 편이다(이미 보았듯이 대략 5퍼센트 남짓). 이러한 상황은 '통합적 우리' 훈련에서도 마찬가지라서, 이런 선결 조건이 먼저 인식되어야 할 것이다.

비록 모든 문제에 대한 통합적 접근의 핵심 중 하나가 이러한 문제를 가능한 한 여러 수준(마법, 신화, 합리, 다원, 통합 및 초통합)에게 말하는 것이긴 하지만, 그렇다고 해서 통합 수준을 간과해도 좋다는 것을 의미하지는 않는다. 통합 수준은 '통합적 우리' 훈련을 위한 필수조건이다(누구든 그런 훈련에 초대받을 수는 있겠지만, 대다수의 사람이 통합에 도달해 있지 않은 집단에서는 '통합적' 깊이의 '우리'를 성공시킬 수 없을 것이다).

테리 패튼은 '통합적 우리' 훈련을 실시하기 위해 '적절히' 갖춰야 할 몇 가지 필수 선행조건에 대해 다음과 같이 말한다.

• 자기self 관련 라인에서: 오렌지색 퇴장(녹색 단계에 진입하기 위해

오렌지색 고도에서 막 퇴장하는) → 녹색 퇴장 → 암녹색 → (그리고 그 이상의 훈련을 위해서는) 청록색이나 남색 수준까지 발달해 있어야 한다. 이런 조건은 '우리'라는 '고차 표현'이 2층이나 3층 진입 단계를 포함하므로 중요하다.

- 상태 단계 성장에서: 마음과 감정이 조야한 '각성 상태' 수준의 경직된 주의 집중으로부터 이완하고, 기본적인 내적 주시(또는 원인적) 능력 갖추기. 주의를 집중하고 주의의 방향을 조정하는 능력, 타인과 상호주관적인 장에 주의를 안정되게 오래 머물게 할 수 있는 능력 갖추기.

- 그림자 역동성에 대한 통찰 및 그에 대한 지속적이고 성실한 비방어적 탐구.

- 불편함을 견디고 만족을 뒤로 미룰 수 있는 기본적인 능력.

- 투명하게 '주체를 객체로 만들기' 위하여 '멋져 보이고 싶은 욕망'을 초월하는 데 필요한 성실성과 용기.

- 세계적 위기에 직면하여 그것을 진지하게 다룰 때, 유능하고 책임 있는 자세를 취할 수 있을 만큼 충분한 실존적 깊이.

- 타인과는 근본적으로 문제를 일으키지 않는 방식으로 대체로 친절하고 우호적인 상태를 유지하면서, 높은 수준의 인지와 정서적 부조화를 견뎌낼 수 있을 만한 정서 지능, 건강, 자기와 타인에 대한 자비.

(〈통합혁명의 규정Enacting an Integral Revolution〉, 통합이론 학술대회, 2013)

위의 모든 항목들은 집단의 주요 요건 중 하나인 신뢰 구축을 위해서는 아마도 필수적인 항목일 것이다. 이 훈련은 특히 발달 수준이 2층에 있는 사람을 요구한다. 1층에 있는 사람들은 기본적으로 자신과 다른 수준에 있는 사람을 어느 누구도 존중하지 않을 것이며, 1층에서 얻을 수 있는 것은 단지 '서로 눈알을 부라리는 집단'일 것이기 때문이다. 대부분의 '우리' 훈련에서는 맴버들에게 주체/객체 인식을 내려놓고 주시 또는 비이원적 상태에 있도록, 그럼으로써 무시간적 '지금'과 신선함, 생동감, 참신성의 현전에 초점을 맞춘 채 있도록 요구하므로, '주시' 능력도 결정적으로 중요할 것이다. 이런 선결 조건들을 대체로 충족시킨다면, '우리' 집단의 탐색과 실험, 학습 과정에서 좋은 결실을 기대할 수 있을 것이다.

통합영성 또는 불교의 제4회전에서 특히 중요한 점은, 전적으로 새롭고 역사적으로 전례가 없는 '나'의 공간이 출현하고 있으며(근본적으로 새로운 고차적 포괄성과 배려 능력을 갖춘 '나'와, 이 고차적 '나'를 반영하는 깊은 깨달음의 과정도 함께), 새로운 고차의 '우리' 공간 또는 상가sangha도 출현하고 있다는 것이다. 이 역시 여러 가지 특성으로 볼 때(전에는 결코 보거나 경험한 적이 없는 상호주관적 지성이라는 형태에 대한 기본적인 접근을 포함해서) 역사적으로 전례가 없는 것이다. 다시 말해, 존재의 상위 구조 디딤판에 있는 새로운 고차의 '나'(불佛), 새로운 상위의 '그것'(법法, 또는 상태에 의해 드러난 것만이 아니라 구조에 의해서 드러난 것도 포함한 진실), 새로운 고차의 '우리'(승僧, 보다 포괄적인 성질의 맥동치는 집단 지성)가 함께 출현하고 있다는 것이다.

통합영성에서 핵심적인 것은, 그것이 그저 집합적인 '우리'에게 만 초점을 맞추는 것이 아니라, 매 순간 사분면 전부, 즉 '나'(자기) '우리'(문화) '그것'(자연)을 통합하고 있다는 것, 즉 신선한 생동감 과 빛나는 현재의 현전 안에 이 모든 것들을 하나로 모은다는 것이 다. 따라서 새로운 붓다는 '상가'라기보다는, 지속적인 비이원적 인 식과 각성 안에서 불, 법, 승이 하나로 통일되는 것일 것이다.

7. 내면 사고의 진정한 영향력

사고thoughts는 실질적인 것이다. 통합적 접근은 현실 세계에 그다지 큰 영향을 미치지 못하고 있다는 말이 '통합' 학계에서 자주 들리곤 하는데, 나는 무엇보다도 이 말에 대해 강력하게 반대한다. 통합 접 근법이 최근 5년 동안 이룬 진전은 매우 놀라울 정도이다. 몇 가지 사례를 들어보면,《건축 리뷰Architecture Review》에서는 일년 내내 건 축학 자체를 AQAL 통합 틀로 명료화하는 글을 매달 게재했고,《뉴 욕 간행물 리뷰New York Review of Books》에서는 첫 번째 리뷰에서 자 신들의 리뷰를 설명하기 위해 AQAL 틀을 사용했고, 영국 정부에서 는 영국의 기후변화 대응능력에 대한 공식적인 보고서를 발표하면 서 그 기반으로 AQAL 통합 틀을 수백 쪽에 걸쳐 적용하기도 했다. 또한, 통합교회Unity Church에서는 통합기독교의 주요 가르침을 기술 하는 일에 AQAL 통합 틀을 공식적으로 채택했으며, 국경을 초월한 세계적 대학인 유비쿼티Ubiquity 대학 역시 통합 원칙에 입각해서 설립되었다.

통합의학, 통합간호학, 통합경제학, 통합심리학, 통합영성, 통합정치학, 통합교육학, 통합예술, 통합범죄학 분야에서 나온 수많은 세계적 수준의 주류 논문과 논평, 훈련방법들도 눈에 띈다.《통합이론 및 실천Journal of Integral Theory and Practice》에서는 놀랍게도 50여 개에 이르는 학문 분야들이 AQAL 통합 접근과 용어를 사용해서 완전히 새롭게 명료화하는 작업을 시도하기도 했다. (이런 것들은 진전의 작은 표본에 지나지 않는다.)

하지만 이 모든 것에도 핵심을 놓치고 있는 것이 있다. "천리 길을 가야 하는 여정에서 우리가 이룬 진전은 고작 열 걸음에 불과하다"라고 말한다면 진전의 진정한 의미를 완전히 놓치고 만다. '진전의 부재'를 말하는 모든 푸념들은 단지 감각 운동 세계만을 진정한 세계라고 볼 뿐, 모든 내면세계 공간, 즉 적외선에서 자홍색, 적색, 호박색, 오렌지색, 녹색, 암녹색, 청록색, 남색, 자색, 자외선, 백색 청정광에 이르는 세계 공간의 존재와 그런 세계 공간의 근본적인 실재성, 그리고 그런 모든 진정한 세계 공간에서 발견할 수 있는 진정한 현상들을 간과하고 있다. 그러고는 감각 운동 세계에서 진전이 이루어지지 않으면 다른 세계 공간에서 이루어진 진전은 모두 간과해버린 채, "전혀 아무런 진전도 없다"라고 푸념한다.

현실 세계에서 진정한 진전은 거의 모든 경우, 먼저 특정 내면세계 공간(호박색이든 오렌지색이든 녹색이든)에서 관심을 두고 있는, 성장 중인 진정한 대상이나 현상(종종 해결해야 할 특정 문제나 필요한 특정 발명, 문제에 대한 특정한 접근, 갈등이 고조된 특정 지역 등)의 창조에서 출발한다. 특정 세계 공간에서 만들어진 이런 대상들은, 앞서 언급했듯이, 절대적으로 진정한 것이며 존재론적으로 그 공간에 존재하는 것이다. 그럼 그런 것들은 어디에 저장되는 것일까?

형태형성 장morphogenetic field 일반을 예로 들어보자. 새로운 단백질이 처음 합성될 때, 그것은 수천 가지 다른 방식으로 중첩될 수 있었다. 그러나 일단 특정한 방식으로 중첩되고 같은 방식이 반복되면, 그 이후 세계 어느 곳에서 등장하든 모든 단백질은 정확히 동일한 방식으로 중첩될 것이다. 그 '형태'는 어디에 저장되는 것일까? 단백질 자체에는 어디에도 그 형태가 갖추어져 있지 않은데, 단백질은 그 형태를 어떻게 아는 것일까? 아마 《능가경》에서라면 그것은 원인 영역의 장식藏識에 저장된다고 말할 것이다. 그러나 그곳이 어디든, 그것은 확실히 **온우주** 어딘가에 저장될 것이며, 확실히 감각 운동 세계에 **진정한 원인적 영향력**을 가질 것이라는 것도 확실하다. 세계 도처에 존재하는 모든 특정 단백질의 중첩의 경우도 그와 같다.

적색 구조가 최초로 형성될 때도 이와 똑같은 일이 일어났을 것이다. 처음에 그 적색 심층구조는 무수한 방식으로 다르게 발생할 수도 있었다. 필요한 것은 단지 선행자를 '초월하고 포함'하는 것이 전부였다. 그러나 일단 한 가지 방식으로 형성되기 시작하자, 세계 모든 곳의 적색 구조는 동일한 방식으로 형성되기 시작했다. 적색 심층구조가 형성된 것은 대략 5만 년 전의 일이다. 이제 오늘날 세계 어느 곳의 적색 구조든 모두 같은 심층구조를 가지고 있다('인지認知' 형태의 경우, 이 구조가 아마존 열대우림지대에 사는 부족에서부터 호주 원주민, 러시아의 노동자, 멕시코 국가주의자에 이르기까지 모든 곳에 걸쳐 동일하다는 사실이 발견되었다). 그 형태는 어디에 저장되는 것일까? 아마도 그곳은 단백질 형태형성 장이 저장되는 곳과 같은 곳일 것이다(이 또한 원인 영역 저장소라고 말할 수 있겠지만, 분명한 것은 **온우주** 어딘가에 저장된다는 것이다).

그러한 적색 구조는 처음엔 몇 사람의 좌측 상단 사분면(내면의 '나' 공간)에서 적색 사고로, 진정한 적색 내면 현상으로 시작했을 것이다. 그러고는 그들의 우측 상단 사분면 행동을 통해서, 그 생각을 이해할 만한 다른 사람들에게 전달했을 것이고, 그 수가 늘어남에 따라 좌측 하단 사분면(상호주관적 장)에서 적색의 '우리' 구조가 형성되기 시작했을 것이다. 이렇게 해서 우측 하단 사분면에서 진정한 '적색 우리'의 대상, 사물, 현상들이 형성되기 시작했을 것이다.

그런 일이 다른 곳에서도 일어나 적색 구조가 세계 전역에서 출현하기 시작하자, 그 구조는 이 원래 집단에서 성장한 구조와 동일한 형태를 취하는 경향이 있었을 것이다(따라서 그 당시 세계 전역에서 절반 정도 출현했던 마법 단계 문화는, 진 겝서Jean Gebser가 지적했듯이, 분명히 동일한 기본적인 심층구조를 가지고 출현했다). 이러한 내면 대상들은 세계 전역의 다른 존재에게 진정한 원인적 영향력을 가지고 있었다. 그리고 이런 내면의 적색 대상들이 계속해서 갖춰지고 사람들이 계속 적색 용어로 생각을 하게 되자, 그런 대상들은 마침내 사람들의 내면에서 밖으로 뛰쳐나왔고, 우측 하단 사분면에서 물질적이고 감각 운동적인 사회제도들을 만들어내기 시작했다. 실제로 곳곳에서 제국이 형성되기 시작했고, 특히 호박색이 그 자리를 차지할 때쯤엔 그 당시에 알려져 있던 세계 대부분을 차례로 점령했다.

그 모든 것은 철저하게 존재론적으로 진정한 현상으로써 내면의 사고에서 비롯된 것들이었다. 그것들은 **온우주** 어딘가에 일차적인 형태로 저장되어 있었으며, 감각 운동 세계로 내려와 진정한 원인으로서의 영향력을 확실하게 행사했다(단백질의 중첩 형태가 내려와 그런 중첩이 어디서 일어나든, 모든 단백질 형태를 동일하게 만들어낸 것과 마찬가지다).

창조성은 그런 식으로 진행해가기 마련이다. 근대 서구사회에서 대의 민주주의가 처음 시작되었을 때, 그것은 소수의 르네상스 사상가의 마음속에 있던 생각에 지나지 않았다. 호박색 신화-구성원의 순응과 그 당시 봉건 지배라는 일반적인 질서에서 볼 때, '개인의 자유'라는 관념은 적어도 그 시대에는 정말로 낯선 것이었다. 그러나 불과 얼마 안 되는 사람들이 내적 오렌지색 대상(즉 세계 중심적, 합리적, 신화 초월적 대상)을 만들어내기 시작했다. 그 얼마 안 되는 사람들이 밖으로 뛰쳐나와 당장에 민주혁명을 시작했던가? 물론 그렇지 않다. 그때까지만 해도 그런 내적 대상은 모든 형태가 충분히 갖춰져 있지 않았다. 실제로 '개인의 자유' '민주적 대표' '비봉건적 정부' 등과 같은 이름이 붙은 이런 오렌지색 내면 대상들이 실제 오렌지색 세계 공간에서의 현상을 지속적으로 구축하는 데는 수백 년이 걸렸다.

그러한 내면 사고 대상들은 성장을 계속하면서 파리의 살롱과 '카페 사회'에 이르렀고, 그곳에서 이 오렌지색 대상들은 점점 더 많은 수의 오렌지색 '우리' 공간에 거주하기 시작했으며, 거기서 진정한 대상, 실제 현상이 되었다. 그리고 수백 년의 내면 대상 구축 기간이 지난 후, 그런 대상들은 미국과 프랑스에서 혁명이 일어나자 마침내 우측 사분면에서 이런저런 제도를 만들어내면서 감각 운동 세계로 그 모습을 드러냈다. 이는 좌측 사분면에 있던 오렌지색 내면 대상의 구체적인 구현이었다. 그것들은 수백 년에 걸쳐 구축되어왔던 것이고, 최종적으로 눈부신 효과를 거두기 전까지는 온우주에 저장되어 있던 것들이다.

'통합적 진보'를 요란하게 떠들어대는 사람들은, 마치 '개인의 자유'라는 오렌지색 대상물이 최초로 형성되기 시작하던 르네상스 시기에, 단지 그것이 대단한 아이디어라는 생각 때문에 거리로 뛰쳐나와 바로 그곳에서 당장 민주혁명을 시작하려는 소수의 사람이나 다름없다. 문제는 그 아이디어, 즉 개인의 자유와 대의 민주주의라는 내적 대상을 계속해서 구축하기 위한 충분한 시간을 갖지 못했을 뿐만 아니라, 그럴 만한 사람의 수도 충분치 않았다는 것이다. 그런 아이디어, 그런 내적 대상이 **온우주** 어디에 저장되어 있든, 어느 날 감각 운동 세계로 흘러나와 그 세계를 복종시킬 수 있을 만큼 충분히 다듬어지고, 정교화되고, 복잡한 형태를 띠기 위해서는 수백 년의 세월이 필요했던 것이다.

이는 통합에서도 마찬가지이다. 당신이 통합적 사고를 할 때마다, 통합적 문장을 읽거나 쓸 때마다, 통합적 느낌이 당신의 온몸을 훑고 지나갈 때마다, 그 하나하나에서 당신은 온우주에 저장되어 있는 진정한 내적 통합 대상을 구축하고 있는 셈이다. 그리고 어느 날, 그것들 역시 저장소에서 흘러나와 자신에게 복종하도록 감각 운동 세계를 힘차게 두드릴 만한 힘을 갖게 될 것이다. 그리고 그것은 **당신**이 갖고 있던 그런 생각들, 우연히 **당신**의 마음을 만난 그런 아이디어들, 당신의 가슴을 좀 더 빨리 뛰게 한 그런 느낌 때문일 것이다.

이런 것이 진전이라는 말인가? 물론 진전progress이다!!! 당신은 역사상 단 한 번도 본 적이 없는 가장 기념비적인 진전 운동에 참여하고 있다. 당신의 의식 속에서 일어난 바로 그 활동이 온우주에 저장될 통합적 성질의 내적 대상과 진정한 존재론적 현상을 구축하고 있다. 그리고 그것은 어느 날 현실 세계로 내려와 인간으로 하여금 환희와 감사와 은혜와 경외심을 갖고 무릎을 꿇게 할 것이고, 우리가 알고 있는 역사를 새롭게 다시 쓸 것이며, 지금까지 생각했거나 보았거나 알고 있던 그 어떤 것보다 더 위대한 진·선·미로 세상을 새롭게 만들어갈 것이다.

당신이 갖고 있거나 품고 있는, 듣거나 읽거나 쓰거나 전달하거나 꿈꾸거나 상상한 모든 통합적 사고에 의해, 통합 인식 대상을 내면에서 즐기고 있다는 바로 그 사실로 인해, 당신은 어느 날 감사와 은혜, 모든 것을 배려하는 순복의 세계를 불러올 **진전**을 추진하고 있는 것이다.

그런 것들이 감각 운동 세계로 넘쳐 나오기 시작해서 결코 본 적이 없는 새로운 형태를 열심히 만들어내기까지, '나'와 '우리' 안에 얼마나 많은 내면의 통합적 대상이 필요한지는 아무도 모른다. 그러나 삶의 모든 분야에서 그 변화가 가져올 엄청난 광경을 생각해보라. 그런데도 당신은 우리의 **진전이 충분치 않다**고 생각할 것인가? 그것이 어떤 것이든, 지금 여기서 무슨 일이 일어나고 있는지 생각해본 적이 있는가? 당신 자신의 내적인 통합적 사고가 구축하고 있는 그 원대한 변화에 대해 최소한의 관념이라도 가져본 적이 있는가? 지금 바로 뛰쳐나가 혁명을 시작하자는 것인가? 그것이 제정신일까? 당신은 이 통합 혁명을 위해 필요하게 될 정부, 교육, 의료, 정치, 법률, 경영, 기술, 에너지, 식료품, 운송, 사법 등의 시스템에서 일어날 엄청난 변화를 진정으로 생각해본 적이 있는가?

아직은 아니다. 하지만 틀림없이 그런 일이 일어날 것을 우리는 안다. 우리가 가지고 있는 모든 발달 모형에는 다원적·상대적 발달단계 너머에 전체적·통합적 발달단계가 있기 때문이다. 이런 혁명은 인간의 성장, 발달 및 진화의 구조 안에서 지금도 구축되고 있다. 그 구조의 심층 특징은 최소한 초기(암녹색) 형태로 이미 놓여있다(검사를 통해 반복해서 충분히 보여줄 수 있다). 당신은 이미 내면의 통합적 사고를 충분히 해왔다. 당신은 그 통합적 사고가 온우주 저장소에서 나와 내적 대상을 수립하고, 발달적 검사와 연구에 원인적으로 영향을 미칠 수 있을 만큼 이미 충분히 해왔다.

이 통합 단계는 온우주 안에 이미 놓여 있는 것으로서, 우리가 목표로 삼는 수준이다. 그 편지는 이미 부쳐졌고, 배달되고 있어서 결코 멈출 수 없다. 그것은 오늘날 아직은 해변에서 수천 킬로미터 떨어져 있는 쓰나미일지도 모른다. 하지만 이미 이쪽으로 방향을 잡았고, 그것을 멈출 수 있는 것은 아무것도 없다. 통합 수준은 온우주 내부에 새겨져 있는 인간의 발달단계로서, 결코 그것을 건너뛰거나 우회할 수 없으며, 어떤 사회적 조건화로도 변경시킬 수 없다. 그 단계들의 심층구조는 온우주에 깊이 패인 홈grooves(습관)이다. 인간의 반복된 행위에 의해 우주에 깊이 새겨진 실재의 존재론적 습관으로서, 이는 목성의 궤도나 전자의 구조 또는 DNA가 작용하는 메커니즘만큼이나 변경 불가능한 것이다.

어떤 인간의 행위일까? 물론 당신의 행위이다. 통합적 사고가 시작된 것은 아무리 길게 보더라도 15년 내지 20년을 넘지 않았지만, 다수의 사람들이 그것에 관심을 가지게 될 수 있을 만큼은 충분히 오래되었다고 볼 수 있다. 달리 표현하면, 과거에도 현재에도, 당신의 사고와 사상, 비전과 노력의 그 기본적 형태가 '**우주의 홈**'으로 새겨질 때까지 이러한 깊은 통합적 구조를 구축해왔다는 것이고, 따라서 우리가 원하든 원하지 않든, 그것은 우리에게 도래하고 있다는 것이다.

사람들은 처음 통합비전을 만난 후부터 계속해서 내면 대상들을 지속적으로 구축해왔다. 그 대상들은 이제 **온우주 습관**으로 저장되었고, 돌이킬 수 없을 정도로 우주 안에 새겨져 있으며, 감각 운동 세계로 내려올 준비가 되어 있는 한 묶음의 심층구조에 합체되었다 (이전에 있었던 호박색, 오렌지색, 녹색이 그랬던 것과 똑같다).

주변의 세계를 둘러보라, 이제 막 혁명이 일어나려고 하는 광경, 그 풍경을 보라. 그러면 이토록 짧은 시간에 이미 이루어진 것들을 알아차리고는 몹시 흥분할 것이다. 이미 일어난 통합적 변화를 진화의 관점에서 본다면 빛의 속도만큼이나 빠르게 일어난 셈이다. 진화가 구불구불 굽이쳐 흐르는 것처럼, 통합적 변화도 어떤 경우에는 속도를 내고 어떤 경우에는 속도를 늦추기도 할 것이라고 기대하자. 그러나 세계를 전체적으로 개조시킬 내면의 통합 대상을 계속해서 성장시키고 있는 개인과 '우리'로서, 이미 일어난, 그리고 지속적으로 일어나고 있는 이 놀랄 만한 진전을 간과하지는 말자.

그렇다면 당신은 바로 지금 이 역사적인 혁명을 불러오는 데 어떤 도움을 줄 수 있을 것인가?

당신이 통합적 사고를 하고 통합적 아이디어를 품을 때마다,

더욱 아름답고 진실하고 윤리적인 내일의 세계를 생각하면서 맥박이 빠르게 뛸 때마다,

통합적 관념을 알고 공부하고 창조하고 쓸 때마다,

"이것을 불러오고 그 속도를 높이는 데 내가 무엇을 할 수 있을까?"하고 스스로 자문할 때마다,

더 포용적인 내일, 더 조화로운 미래, 더 균형 잡힌 소중한 지구, 살아 있는 모든 존재 속에서 신과 닿아 있는 영성, 그리고 당신 자

신의 존재 안에서 신을 구현하도록 하는 영성을 꿈꿀 때마다,

오늘보다 조금이라도 더 전체적인 내일을 위해 손을 내밀 때마다,

교육·양육·의료·행정·법률 등 모든 인간 활동을 더 포용적이고 통합적인 방식으로 개선하고자 상상할 때마다,

어린아이의 눈을 들여다보면서 그들에게 더 큰 사랑과 자비와 배려와 관심으로 가득 찬 미래를 소망할 때마다, 그리고 내일의 빛나는 후광 속에서 웃고 있는 그들을 볼 때마다,

잠시라도 이전보다 더 큰 전체를 생각하거나, 부분적인 것들이 서로 연결된 패턴 속에서 하나로 합체되는 미래, 신의 아이들 모두가 편협하고 편파적인 방식이 아니라 온우주적인 방식으로 판단되는 미래를 향해 손을 뻗을 때마다,

인류와 살아 있는 모든 존재가 전체적으로 더 나아지는 방향을 선택할 때마다,

깨진 조각들과 흩어진 파편들, 찢기고 고문당한 인간들이 더 통일되고 수용되고 배려되는 포옹 속에서 뭉치는 것을 볼 때마다,

오늘보다 조금이라도 통합적이고 포용적인 내일을 갈망할 때마다,

매번 이런 것과 유사한 일들을 할 때마다,

당신은 온우주 안에 즉각적으로 저장될 내면의 통합적 대상을 당신 스스로 직접, 즉시, 돌이킬 수 없게끔 구축하는 것이며, 현재 우리가 지향하고 있는 방향으로 내달리는 쓰나미의 크기를 조금씩 더 키우는 것이다. 앞에서도 말한 바 있지만, 그런 일을 하면서 역사 속에서 자신의 자리를 지켜온 당신을 환영한다. 그것은 충분히 보

상받을 만한 가치가 있는 일이다.

* * *

내가 제안한 가장 핵심적인 7가지 요소는, 법륜의 제4회전에는 물론이고 그 밖의 다른 모든 통합영성에도 당연히 포함되어야 할 것이다. 이 7가지 요소 하나하나가 모두 다 중요한 것이기 때문이다. 상태states는 깨어남Waking up의 수단이므로 물론 중심적인 요소이다. 하지만 기본 구조 디딤판과 그 관점들은, 현재 어떤 영적 시스템에도 사실상 전혀 포함되어 있지 않은데, 아마도 상태만큼 또는 그 이상으로 중요한 요소일 것이다.

세계의 모든 위대한 종교 전통에는 (이미 불교에서 보았던 것처럼) 1층에서 2층에 이르기까지 거의 모든 수준의 관점의 예들이 존재한다. 그러나 그 관점들이 실은 모두 '다른 수준의 관점'이라는 사실은 이해되고 있지 않다. 그런 관점들이 같은 '신'이나 같은 '영' 또는 일반적으로 똑같은 종교적 모습으로 여겨지고 있지만, 실은 전혀 그렇지 않다. 그들 대부분은 영성에 대한 다른 수준의 관점을 보여준다.

자신의 영성 안에 '구조'와 '관점'을 포함시키는 것은 이런 사실을 설명할 수 있도록 해줄 뿐만 아니라, 그 특정 종교의 전반적인 '컨베이어벨트'의 일부가 되도록 해줄 것이다. 그 컨베이어벨트에는 해당 영성의 근본이 되는 핵심 통찰들이 주요 발달단계에 따라 특정 구조 디딤판의 언어와 시각, 관점으로 표현되어 있을 것이고, 따라서 그 핵심 통찰들은 아동기 초기부터 지혜롭게 나이든 성숙한 어른에 이르기까지, 단계에 따른 '수직적' 변형의 일부가 될 수 있을 것이다.

여기에 더해서, 점점 더 많은 사람들이 통합 단계에 들어섬에 따라, 통합경영, 통합교육, 통합의학, 통합정치학, 통합영성 등 모든 분야에서 통합적인 것을 더 많이 요구하게 될 것이며, 1층(신화, 합리, 다원 수준)의 한계로부터 2층 통합 관점의 충만으로 이행하라는 요구가 점점 더 거세게 일어날 것이다.

이런 움직임의 장점은 대단히 많지만, 나는 그중 몇 가지만 대략적으로 요약해서 언급할 것이다. 사분면 모두를 포함할 경우, 과학과 영성 간의 전쟁은 끝나게 된다. 우측 사분면은 자신의 타당성 요건으로 진실truth과 기능적 적응functional fit을 주장하며, 물리학·생물학·화학·생태학·지리학·사회학 등 모든 주요 과학을 포괄한다. 그리고 좌측 사분면은 진실성truthfulness과 정당성justice을 타당성 요건으로 삼으며, 구조에서 상태에 이르기까지 영성의 모든 주요 측면을 아우른다.

우측 사분면은 복잡성 스펙트럼상에 배열된 질량 에너지 스펙트럼(조야 에너지에서 정묘 에너지, 원인 에너지, 비이원에 이르기까지)을 포함하며, 좌측 사분면은 의식과 문화의 스펙트럼(관점, 시점, 도덕성, 유형론, 그림자 요소, 내면 치료 등)을 포함한다. 발달 스펙트럼은 모든 사분면에 있는 모든 주요 학문이 인간의 성장 및 진화와 조화를 이룰 수 있게끔 해준다. 전체 사분면, 모든 수준, 모든 라인, 모든 상태, 모든 유형을 포함하는 통합적 관점은 온우주 안에 있는 거의 모든 것이 들어설 입지를 마련해주며, 모두를 관대하게 포용한다. 궁극적인 깨달음, 각성의 길, 상대적인 수준과 라인, 성장의 길, 그림자 치료와 번성, 정화하는 수단, 전체 사분면에서의 비이원적인 궁극의 참 자기와 진여, 그것을 제시하는 방법들, 이들 모두에게 반갑게 손을 내밀고 기꺼이 받아들이는 것이 그곳에 있다.

이러한 것은 불교의 제4회전에서도 마찬가지로 진실이다. 불교는 자신의 역사 내내 깨달음에 이르기 위한 심오한 수행법과 함께, 진화적이고 통합적이며 체계적인 사고방식에 대해서 매우 큰 관심을 보여왔다. 또한 이전에 있었던 회전에서 밝혀낸 모든 근본적인 것들을 간직한 채, 활동 중인 영이 중단 없이 진화를 계속하면서 드러낸 새로운 요소들을 추가하는 또 한 번의 엄청난 대회전을 준비하고 있다.

3부

미래

5

불교의 미래

영성의 미래, 특히 우리의 중심 주제인 불교의 미래는 어떤 모습일
까? 잠시 의식 구조에 초점을 맞추고 그 구조를 상태와 비교해보면,
처음에 제시했던 주안점, 즉 적어도 아주 다른 두 가지 형태의 영성
과 영적 관여가 있다는 점을 알게 된다.

첫 번째는 영성 지능을 뜻하는 구조에 초점을 맞춘 것으로서, 기
본적으로 신념체계, 일련의 이야기, 삶의 철학이다. 지난 수십 년
사이에 매우 확실하게 알게 된 것은, 이런 신념에는 단계가 있다는
것, 단순화시키면 그 단계는 태고에서 마법, 마법-신화, 신화, 합
리, 다원, 통합, 초통합으로 이행해간다는 것이다.

초기의 하급 단계(민족 중심의 '신화-축어적' 단계)와 후기의 상급
단계(세계 중심의 '합리적' 단계와 그 이상의 단계) 간의 차이는 밤과 낮
의 차이만큼이나 극명하다. 그 둘을 똑같이 '종교'나 '영성'이라는
동일한 용어로 표현한다는 것이 믿기 어려울 정도이다. (구조 일반과

상태의 경우에도 마찬가지이다. 이 문제는 잠시 뒤에 다룰 것이다.)

이러한 관점의 진화는 성경에서도 찾아볼 수 있다. 구약의 앞부분에 등장하는 하나님은 비열한 정신을 지니고, 복수심에 불타고, 적의를 가지고 있고, 잔인하고, 질투심이 많고, 인종차별적이고 성차별적인, 일반적으로 악의적인 존재이다. 600쪽이 넘는 구약의 곳곳에서 하나님은 직접 폭력과 살인을 권하는가 하면, 욥이나 아브라함과 그의 아들에게 했듯, 사람들의 생명을 가지고 놀기도 한다.

자아 중심적이고 민족 중심적인 단계로부터 세계 중심적인 단계로 옮겨간 예수가 등장하면서부터, 적을 사랑하고 뺨을 돌려대라고 권하는 신성Divinity, 온유한 자가 땅을 물려받을 것이라고 단언하는 신성을 보게 된다. 이것은 실로 놀라운 진화인데, 성서 안에는 모두가 확인할 수 있을 만큼 극히 명료하게 쓰여 있다.

'마법' '마법-신화' 또는 '신화/자아 중심적(또는 민족 중심적)' 단계에서 출현한 모든 종교에서도 거의 똑같은 유형의 진화를 볼 수 있다. 방금 언급했던 하나님의 그런 특성들은 신성의 진정한 특성이 아니라, 2~3천 년 전에 살았던 사람들이 보았던 신성으로, 무엇보다 태고, 마법 및 신화 구조의 특징을 더 많이 드러낸 것이라고 할 수 있다. 그런 초기 단계에서 시작한 대부분의 종교들은 동서양을 막론하고 신화 단계에 고착되었다. 이런 일은 르네상스 이전까지는 적절한 것이었겠지만, 그 시대를 넘어서부터는 영성 지능 면에서 범문화적인 발달 지체의 확실한 사례가 되었다.

이런 일은 점점 더 광범위하게 문제가 되었는데, 신화 이하의 단계들은 잘해야 민족 중심적이기 때문이다. 즉 전체 인구의 70퍼센트가 민족 중심적인 신화나 그 이하 단계에 있고, 그중 대다수가 신화나 저급한 영적 관점을 가지고 있어서, 세계가 문화적으로 (심리적으로나 신체적으로도) 매우 자기 집단 중심적인 진영으로 나뉘어 있었기 때문이다. 그 진영이란 '나의 종교'만이 진실로 진정한 종교이고 진실로 진정한 구원 가능성이 있는 종교라는 깊은 신념을 가지고 있어서, 잘해야 상호관용, 최악으로는 지하드(성전)로 기울어 있는 진영을 말한다.

심지어는 제2차 바티칸 공의회 이후의 가톨릭교회처럼(이때 가톨릭교회는 다른 세계 종교들도 기독교의 구원과 유사한 구원을 제공할 수 있다고 공식적으로 선언했는데, 이는 호박색 민족 중심에서 오렌지색 세계 중심으로 옮겨가는 엄청난 대이동이었다) '합리적 세계주의적' 관점을 가진 종교조차도 종종 신화-축어적 관점에 고착된 다수의 구성원을 가지고 있었다. 이는 신화 단계에 머물러 있는 교회의 전반적인 태도와 풍조에 원인이 있기도 하지만, 세계의 다른 위대한 종교와 똑같이 세계 중심적 구원을 공유하려는 열정이 결핍되어 있었기 때문이기도 하다. 프란치스코 교황 이전의 두 교황(요한 2세와 베네딕토 16세)은 제2차 바티칸 공의회를 역전시키는 일에 온 힘을 기울였던 것처럼 보인다.

세계의 과학, 예술 및 인문학들이 합리와 다원 수준으로 질주해서 이제 혁명적인 통합 수준에 도달해 있는데, 이러한 때에도 대부분의 종교는 자신의 발뒤꿈치를 자랑스럽게 신화와 민족 중심 수준에 단단히 고정시키고 있다. 이는 종교가 갈등, 불균형, 사랑의 결핍, 전쟁, 테러를 야기하는(이와 반대되는 자신들의 홍보 전략에도 불구하고) 세계의 가장 큰 단일 세력으로 남아 있음을 역설하는 것이다.

실제로 지난 30년 동안 발생한 테러 대부분은 정치적인 이유가 아니라 종교적인 이유로 일어났다. 30년이나 40년 전으로 거슬러 가도 테러는 거의 언제나 저질러졌었는데, 그때의 테러는 대체로 붉은 군단Red Army Faction*이나 팔레스타인 해방군 같은 극단적인 정치색을 띤 집단에 의한 것이었다. 그러나 그 이후부터 테러를 저지른 조직들은 대개 종교적 근본주의자들이었다. 여기에는 하마스Hamas와 알카에다al-Qaeda 같은 집단뿐만 아니라 거의 모든 주요 종교 구성원들, 즉 인공 유산을 실시하는 병원을 폭파시킨 남부 침례교도, 도쿄 지하철에서 사린가스를 살포한 불교도(옴진리교), 파키스탄 국경을 사이에 두고 싸우는 시크교도와 힌두교도, 진정한 영적 진실을 놓고 싸우는 불교도와 타밀 힌두교도가 포함된다.

과학은 합리적·세계 중심적인 쪽에 발을 딛고 있고, 종교는 신화적·민족 중심처럼 낮은 쪽에 발을 딛고 있어서, 종교적 파벌이 실질적인 테러로까지 번지지 않는 경우라 해도, 그것이 문화전쟁(합리적 과학 대 신화적 종교 간)의 핵심에 자리 잡고 있다는 것은 참으로

---

* 1970년대 초부터 90년대 말까지 활동했던 서독의 극좌적 정치색을 띤 테러리스트 집단으로, 암살과 유괴, 경찰과의 총격전 등으로 악명 높은 무장단체였다. 초창기 핵심 인물인 바더Baader와 마인호프Meinhof의 이름을 따서 '바더-마인호프 갱단'으로도 알려져 있다.

어처구니없는 노릇이 아닐 수 없다.

문제는 더 깊숙한 곳에까지 뻗어 있다. 상위 단계의 영성 지능들조차도, 그 자체는 결정적으로 매우 중요한 것이긴 하지만, 그것만으로는 진정한 영적 해방, 각성, 깨달음을 증득할 수 없다. 바로 이런 이유 때문에 상태 발달이 필요한 것이다. 이 부분은 언제나 대부분의 불교 종파의 강점이 되어왔던 것인데, 이 주제는 잠시 뒤에 다룰 것이다.

문제는 대다수 종교가 구조(영성 지능)에만 의존하고 있다는 점이다(그나마도 신화 단계에 의존하고 있다). 영성 지능은 상대적 진실만을 제공해준다. 영성 지능 자체는 분리된 자기를 지도하기 위해, 삶을 살아가는 여정에서 다른 다중 지능들(도덕, 대인, 정서, 인지적 세계관, 대내 지능)과 결합한다. 그러나 영성 지능은 분리된 자기를 넘어서 참 자기, 궁극적 영으로서의 자기, 순수한 진여로 나아가는 것과는 관련이 없다. 달리 말하면, 영성 지능은 진화 자체의 기저이자 목표인 궁극적 진실(진여)과 직접 연결되는 것과는 관련이 없다는 것이다.

대다수의 종교에서, 상태-단계의 발달을 통해 궁극의 영을 지닌 지고의 정체성을 깨닫도록 해주는 영성 고유의 역할이 완전히 잊혀지고 있다. 인간 존재의 궁극적 핵심(순수한 나의 무제약적인 존재성, 진여)은 인식조차 못 하고, 작은 자기 자신을 하나의 대상이나 대상들의 집합체로 잘못 인식한 채, 우주에 존재하는 작고 유한한 모든 대상, 태어나서 고통 속에 살다 죽는 다른 모든 생명체와 함께 비참한 자리를 점하고 있다. 태어나지 않고 만들어지지 않고 창조되지 않은 존재, 불사이자 사랑이고 환희인 존재의 핵심을 인식하지 못했기에, 그로 인해 궁극의 실재를 실현하지 못한 채 살아간다. 그런 가운데 삶은 마치 하나의 꿈, 비눗방울, 환영, 고통의 사막에서 어른거리는 신기루처럼 사라져버린다. 이런 상황에서는 어떤 사람도 더 지혜롭지 않을 것이다. 영성의 진실하고 독특하고 근본적인 목적이 시들어가고 있다.

불교의 핵심 강점은 언제나 이중적이었는데, 첫 번째는 구조라는 점에서 볼 때, 어떤 신화적 권위도 받아들이지 않고 개인적인 경험과 이성으로 검증하는 '합리적-세계 중심적' 종교로 태어났다는 것이고, 두 번째는 상태를 영성의 중앙 전면에 놓았다는 것이다. 물론 모든 불교 종파나 수행자들이 이런 좋은 출발점에서 시작한 것은 아니다. 앞에서 보았듯이 많은 종파와 수행자들은 여전히 확고하게 마법 단계나 신화 단계에 머물러 있다. 젊은 수행자들이 전반적인 컨베이어벨트 상에서 마법 단계와 신화 단계의 불법佛法을 통과해가는 것은 매우 적절한 일이다. 상위 단계들이 있다는 점을 명확하게 언급하고 강조하는 한, 불교가 자신의 컨베이어벨트를 계속해가는 한, 불교의 가르침이 영과 불법 자체의 진화와 보조를 맞추는 일을 확실하게 수행하면서 2층의 통합적·진화적 제4회전으로 이행해가는 한, 그리고 그런 가르침들조차도 모든 가르침을 온전히 다 담고 있다고 믿지 않는 한, 불교가 마법 및 신화 단계의 가르침을 포함하고 있는 것은 전적으로 적절한 일이다. 이런 일은 가용한 모든 단계의 가르침에도 해당된다.

한편, 앞에서 논했던 것처럼 서양에서 불교의 가르침은 대부분 불교의 강점인 원인 및 비이원 상태와 다원적 관점의 영성 지능에 집중되어 있다. 그러나 다원적 관점은 다른 모든 1층 관점들과 마찬가지로 자신의 진실과 가치가 현실에 존재하는 유일한 진실이고 가치라고 믿는다. 더욱이 구조 관점은 (상태 시점과는 달리) 내성으로는 알 수 없으므로, 묵상과 명상 전통에서는 대체로 이런 구조들과 단계에 따라 변화하는 관점들의 존재를 인식하지 못하고 있다 (다시 말하지만, 상태에 대해서는 그렇지 않다. 상태에 관해서는 매우 충실하게 그려냈다).

따라서 불교는 (다른 종교들과 마찬가지로) 부지불식간에 불법을 자신의 현재 관점과 동일시하는 경향이 있다. 이것은 앞에서도 언급했듯이, 서양에서는 대부분의 경우, 불법이 다원적 관점과 동일한 것으로 여겨진다는 것을 의미한다(관습적 서양 종교는 이보다 낮은 신화적 관점과 동일시한다). 그런데 이는 불교에게는 참으로 큰 재앙이 아닐 수 없다. 왜냐하면 그렇게 되면 불법이 다원적 렌즈를 통해서 배타적으로 해석되기 때문이다. 따라서 불법은 다원적 관점의 긍정적인 진실뿐만 아니라(다원적 감수성, 배려, 시민권, 환경주의, 페미니즘, 지속가능성에 대한 관심), 다음과 같은 다원적 관점의 부정적인 면과 제한점도 고스란히 물려받게 된다.

- 다원적 관점은 1층 관점이어서 단편적이다. 그 관점은 지배자

위계에만 반대하는 것이 아니라 모든 위계에 반대한다. 어떤 성장 위계나 실현 위계도 인정하지 않으려 하므로, 모든 불교 종파에 이미 상태-단계 지도가 풍부하게 있음에도 불구하고, 구조나 상태에서의 어떤 발달 지도도 부정하는 경향이 있다.

• 다원적 관점에 대한 강력한 충성심 때문에, 다원적 진실만이 유일하게 가능한 진실이라고 생각하며, 따라서 다원적 관점을 종종 상대적 진실만이 아니라 궁극적 진실과 같은 것으로 여긴다. 예컨대, '공'을 '무無위계'와 같은 것으로 여길 것이다. 하지만, 공은 위계적인 것도 아니고, 위계적이 아닌 것도 아니며, 둘 다인 것도 아니고, 둘 다 아닌 것도 아니다.

• 다원적 관점에 대한 집착 때문에 2층의 보편적인 통합적 비전-논리를 적용하지 못한다. 반면에 전술한 《능가경》과 롱첸파Longchenpa, 쫑카파Tsongkhapa, 법상종 등의 예에서 볼 수 있듯이, 다수의 천재적인 불교 지도자들은 비전-논리를 풍부하게 적용했다.

이렇게 통합적 지식이 결여되어 있어, 불교는 불법을 계속해서 1층 감옥에 가두어놓고 있다. 1층의 오만과 연결된 다원주의, 반위계주의, 반지성주의, 반권위주의, 반개념주의 및 단계 특유의 부분적 관점들이 불법을 심각하게 훼손하고, 포스트 모던 세계 이후로 더 이상 진화하지 못하도록 가로막고 있다.

트랄레그 린포체Traleg Rinpoche의 때 이른 사망 이전까지, 나는 그와 함께《통합불교Integral Buddhism》라는 책을 쓰고 있었다. 그 책에서는 동서양에서 일반적으로 수행해온 불교의 이런 심각한 제한점들을 언급했다. 학생과 교사들 모두가 이 다원적 관점에서 벗어나 2층의 전체적이고 통합적인 관점으로 이행해가서 불성과 영 자체의 진화에 보조를 맞출 수 있도록 돕고 싶다는 희망에서였다. 그 희망이란 불교가 자신의 상태 영역에 대한 강력한 이해 위에 구조-디딤판과 그 관점들을 보완하는 것이다.

어쨌거나 앞에서 보았듯이, 개별 학생과 교사로부터 불교 종파 전체에 이르기까지, 불교는 이미 모든 가르침이 마법, 신화, 합리, 다원 및 통합 수준이라는 구조적 관점에 기반을 두고 있다. 이런 일은 이미 일어났었고 지금도 일어나고 있기 때문에, 내가 희망하는 것은 지금처럼 맹목적이고 무의식적으로 일어나는 것이 아니라, 명시적이고 의식적으로 구조 변형을 이끌어주는 위대한 컨베이어벨트가 창출되었으면 하는 것이다.

그렇게 되면 불교는 우리가 다양한 의식 상태를 통과해가도록(조야에서 정묘, 원인, 주시, 비이원으로) 도울 수 있을 뿐만 아니라, 구조 변형의 선두주자로 활약할 수도 있을 것이다. 예컨대, 초기 구조 디딤판(마법과 신화)에 있는 사람들을 더 높고, 더 넓고, 더 깊은 디딤판(합리, 다원 및 통합)으로 나아가도록 도울 수 있을 것이다. 그렇게 되면 불교(다른 영적 시스템들 역시)는 인간의 각성을 돕는 일뿐만 아니라 성장을 돕는 일에서도 중추적인 역할을 담당할 수 있을 것이다.

또한 이것이 가장 중요한 점인데, 불교는 구조와 구조-단계에 대한 이해를 포함함으로써 2층으로 성장해가는 길에 개방될 것이고, 따라서 세계 전체로 퍼져나가기 시작한 혁명적인 통합적 변형의 본질적인 부분이 될 수 있을 것이다. 그렇게 하는 데 실패해서 1층에 그대로 머물게 될 경우, 불교는 기독교 교회가 그랬듯이(또한 아직도 그렇듯이), 과학과의 관계에서 큰 재앙에 빠질 위험이 있다.

가톨릭교회는 세계 중심적인 합리 구조가 등장했을 당시 한발 뒤처진 신화 수준에 머물러 있었기에, 도처에서 분별 있는 남녀의 웃음거리가 되고 말았다(홍해를 갈랐다고? 처녀가 애를 낳았다고? 핏빛 비가 쏟아져 내렸다고? 나를 바보 취급하는구먼!). 과학과 예술, 윤리학 등은 앞으로 나아갔으나, 종교는 뒤처져 머문 채 대체로 덜 발달하고 덜 진화한 영혼들에게 호소하기 시작했다.

과학, 예술, 윤리학 등은 이미 2층으로 옮겨가고 있으므로, 불교도 과학과 더불어 자신의 성장과 진화를 계속해나가지 않으면 안 된다. 불교는, 대부분의 다른 종교와는 달리, 과학과 전혀 아무런 문제도 없었다. 불교와 과학은 모두 합리 수준에서 탄생했다(둘 다 신화적 권위와 교리가 아니라 개인적인 경험과 증거, 실험과 이성에 의존했다). 과학과 불교가 각기 다른 길을 가는 것을 보는 것은, 다시 말해 과학은 지금 혁명적인 2층으로 이행해가는데 불교는 낡은 1층 견해에 뒤처진 채 남아 있는 모습을 보는 것은 정말로 애석하고 유감스러운 일이 아닐 수 없다.

이런 일은 과학이 뇌기능과 신경생리학 분야에서 획기적인 연구를 계속하고 있기에 특히 그러하다. 과학이 여전히 내면을 부정하고, 따라서 불교의 전문분야인 '나' 공간을 부정하는 경향이 있긴 하지만(구조, 상태, 그림자 등이 있는 곳은 좌측 상단 사분면인데도, 과학은 계속해서 끈-물리학string physics*, 분자생물학, 뇌 상태 같은 우측 상단 사분면에 초점을 맞추는 경향이 있다), 뇌 상태는 사분면의 사중 규정을 통해서, 의식 구조와 그림자는 말할 것도 없고 의식 상태에 직접 영향을 미친다. 이미 입체음향기법과 뇌신경 자극 같은 두뇌공학기술로 알파, 세타, 델타 상태를 만들어낼 수 있게 되었다. 이런 상태들은 각기 좌측 상단의 조야, 정묘, 원인 의식 상태와 연결되는 우측 상단의 상관물들이다. 우리는 이미 불과 몇분 만에 세타/정묘 상태와 델타/원인 상태에 이르도록 만들 수 있게 되었는데, 이런 상태는 때로는 수개월에 걸친 명상수련에서나 달성 가능한 상태들이다.

모든 영적 시스템에 네 사분면 모두를 포함시키는 것은, 이런 사실들을 어떤 모순이나 어려움 없이 포괄할 수 있는 이론적인 방법이 될 수 있을 것이다. 또한 이런 종류의 발견은 계속 진행될 것이다. 자비명상을 장기간 수행한 티베트 수행자의 경우 다른 사람들보다 유의미하게 많은 감마 뇌파를 생성해낸다는 것이 밝혀진 바 있다. 다른 주요 명상 상태에도 이제는 몇달이나 몇년이 아니라 불과 몇분 만에 도달할 수 있게 되었다.

이뿐만이 아니다. 나는 서로 다른 명상 상태(유상삼매, 무상삼매, 지

• 물질의 기본 구조가 0차원의 '입자'가 아니라 1차원적 '끈'으로 되어 있다고 가정하는 물리학 이론.

혜삼매, 본삼매 등)에서 작용하는 신경전달물질의 윤곽이 곧 드러날 것이라는 데 대해서도 전혀 의심하지 않는다. 그렇게 되면 두뇌 상태별로 그에 상응하는 의식 상태에 접근하는 일이 가능하게 될 것이다. 이것이 모든 종교가 과학과 대화를 나눌 수 있는 동일한 용어를 가져야 하는 이유이고, 과학적 진실과 영적 진실을 끊김 없이 직접 연결해주는 사분면 같은 세련된 메타이론을 갖추어야 하는 또 다른 이유이다.

이런 메타이론에는 "양자역학이 신비주의를 증명하다"와 같은 어리석은 주장은 포함되지 않는다. 이 둘은 전혀 다른 영역이다. 양자역학은 3인칭 우측 상단 사분면의 하위 수준에 해당하는 아원자적 소립자를 다루며, 신비주의는 좌측 상단 사분면에서 1인칭 상태의 최상위 도달점을 가리킨다. 만일 그 둘이 동일한 실재를 다룬다면, 양자역학에 정통한 사람들은 위대한 신비가가 되었어야 하겠지만, 수없이 많은 전문 물리학자들이 그렇지 않다. 그들은 양자역학을 충분히 이해하고 있지만, 신비 상태에 관해선 실제로 무지하다.

더욱이 신비주의는 인간이 할 수 있는 가장 단순한 경험이다. 예컨대, '다즉일多卽一'의 경험에서, '일Oneness'의 절대적인 단순성은 그것을 경험할 경우 숨이 멎을 정도로 엄청나다. 반면에 양자역학과 슈뢰딩거의 파동 방정식은 지금까지 인간이 고안해낸 사고 시스템 중 가장 복잡한 시스템에 속한다(어떤 선구적인 물리학자는 "양자역학을 이해했다고 주장하는 사람은 필경 그것을 이해하지 못할 것이다"라고 쓴 바 있다).

그렇다. 과학과 영성에 대한 이해는 그 둘이 어떻게 관련되어 있는가에 대한 이해를 의미하는 것이기도 하지만, 그 둘이 왜 다른 방법론, 다른 기술, 다른 앎의 양식, 다른 발견으로 이루어진 각기 다른 분야인지, 그리고 그런 모든 것이 어떻게 모순이나 상충 없이 상호 관련되어 있는지를 이해한다는 의미이기도 하다. (이것은 과학과 영성의 신비적 일체성에 대한 이해를 포함할 수 있다. 신비 영토 그 자체는 영성에 의해서만 주어진다. 이에 비해 과학은 잘해야 그 영토에 대한 지도를 줄 수 있을 뿐인데, 그 둘이 같다고 주장하는 것은 지도와 영토를 혼동하는 것에 지나지 않는다.)

통합이론과 AQAL 틀은 이런 통합을 원활하게 해낼 수 있다고 주장한다. 하지만 어떤 이론이나 메타이론을 사용하든, 그런 이론과 틀을 포함시키는 작업은 내일의 영성이 당면한 과제이자 지금 바로 시작해야 할 과제이기도 하다.

제4회전에 해당하는 모든 불교(와 모든 영성 일반)에서는 그림자를 다루기 위한 기법들에 대하여 최소한 간략한 개관(또는 대안으로 그림자 문제를 가지고 있는 학생들이 참조할 수 있는 전문 심리치료사나 집단과의 공식적인 관계) 정도라도 포함해야 할 필요가 있을 것이다.

정신과 의사이자 통합불교 지도자이기도 한 로저 월시Roger Walsh 박사는, 명상 안거 기간 중 있었던 제자들과의 사적인 전문 상담 질문의 약 80퍼센트는, 명상기법이 아니라 심리치료기법으로 가장 효과적으로 다뤄질 수 있다고 추정한다. 나도 그 추정치가 일반적으로 타당하다고 생각하는데, 만일 그렇다면 그것은 명상 지도자가 학생에게 해준 조언의 80퍼센트가 적절하지 않았다는 것을 의미한다(앞에서 학생이 현재 가지고 있는 관점이 어떤 수준이든 대다수 조언이 다원적 관점에서 나온다고 논했던 참담한 상황은 말할 것도 없다). 이는 그 자체로 재앙이다. 이는 불교가 통합불교가 되어서, 자신의 전반적인 가르침 안에 구조 디딤판과 발달이라는 관점을 포함시킬 때만 개선될 수 있을 것이다. 물론 이것은 불법의 제4회전에 해당될 뿐 아니라, 다른 모든 영성에도 똑같이 해당되는 공통적인 추천이기도 하다.

그러나 어떤 사람이 구조적으로 아무리 진화했다 하더라도, 혹은 상태가 아무리 진화했다 하더라도, 다루기 힘든 그림자 문제가 그 사람의 수련과 삶 일반은 물론 정신세계 전반을 엉망으로 망쳐놓을 수도 있다. 그럼에도 앞에서 보았듯이, 정신 역동적으로 억압된 그림자에 대한 세련된 이해를 가지고 있는 영적 시스템은(특히 주요 종교에서는) 찾아보기 힘들다.

성격 유형과 유형론에 관해서도 간단하게 몇 마디 해야 할 것 같다. 누구든 어떤 분야에서 다른 사람을 지도하는 상담자 역할을 맡고 있을 경우(명상 교사, 묵상기도 교사, 심리치료사, 요가 지도자 등에 이르기까지 이들 모두에게 '지도coaching'라는 말을 사용할 경우), 마이어스-브리그스와 에니어그램 같은 세련된 유형론을 개략적으로 공부해보면, 성격 유형이 다를 경우 전혀 다른 코칭 프로그램이 필요하다는 사실을 즉각 알 수 있을 것이다.

에니어그램에서 5번 유형('관찰자')에 해당하는 사람은 이런 유형의 명상에서 너무나 쉽게 극단적인 주시 또는 기능 장애적인 주시에 몰두할 수 있다. 주시 훈련이 주시자나 관찰자라는 성격 유형과 결합하면, 비정상적으로 초연하고 몰개성적인 인식이라는 매우 과장된 상태를 초래할 수 있다. 이럴 경우 일상 세계와 자신의 정서 상태를 접촉하거나 느끼는 데 상당한 어려움을 겪게 되고, 최악의 경우 몰개성화된 정신분열증 상태에까지 이르게 될 수도 있다.

이런 사람은 묵상기도나 사랑-자비 명상, 또는 통렌tonglen˙ 같은 수행법으로 더 좋은 효과를 볼 수 있을 것이다. 이런 수행법들은 모두 진정한 정서적 접촉을 증진시키기 때문이다. 이와 같은 작업은 통합 접근이 일반적으로 하는 일로서, '같은 사이즈의 옷을 모든 사람에게 입히려는' 접근을 극복하려는 또 다른 본보기일 뿐이다.

획일적인 접근에서는 사람들 간의 진정한 차이를 뭉개놓고 같은 범주로 묶은 다음, 모두에게 사무적으로 똑같은 훈련을 시키려고 한다. 이와 달리 통합 접근에서 가장 의미 있고 중요한 발견 중 하나는 바로 '사람들 간의 놀라운 차이점'이었다.

다시 말하지만, 유형에 지나치게 열중할 필요는 없다. 너무 복잡해서 자칫 유형론 속에서 길을 잃기 쉽기 때문이다. 현실의 가장 많은 것을 설명하기 위해 가장 적은 수의 차원을 사용하라는 것이

• 통tong은 '주는 것'을 의미하고, 렌len은 '받는 것'을 의미한다. 티베트 불교에서 행하는 명상의 일종으로, 타인과의 관계에서 타인을 자신과 동일하게 보고 서로 주고받는 이타성 훈련을 목표로 한다. 보살의 실천 덕목 중 하나이기도 하다.

AQAL 틀의 핵심인데, 똑같은 말이 유형론에서도 분명 진실일 것이다. 많은 범위를 상세하게 다룰 수 있는 유형론을 하나 선택한 다음(여섯 내지 아홉 개 유형), 기본적으로 그 유형론에 집중하라는 것, 네다섯 개의 서로 다른 유형론을 섞어서 너무 과도하게 많은 수의 복잡한 유형을 만들어내지 말라는 것이다. 하지만 하나의 좋은 유형론(가령 에니어그램이나 마이어스-브리그스 같은 유형론)은 성격 유형별로 적합한 수련법을 찾아내는 데 놀라운 효과를 발휘할 것이다.

궁극의 비이원적 전통에서는 비이원성을 비유적으로 주체와 객체, 무한과 유한, 영원과 시간, 윤회와 열반, 절대와 상대, 영과 물질, 일자와 다자, 공과 색(형상)의 비이원성으로 묘사한다. 《반야심경》에서는 이것을 "공은 색과 다르지 않고[空不異色], 색은 공과 다르지 않다[色不異空]"라고 표현한다.

'공'은 '상태 발견'이다. 즉 모든 저차원 상태(조야, 정묘, 원인)를 초월하면서 통과해갔을 때 최상의 상태에서 남는 것은, 비유적으로 말하면 순수한 공, 개방성, 투명성, 무, 광활한 공간이다. 그것을 발견할 때 제약 없는 불생불사의 '자유' '해방' '해탈'이 달성된다. 이 '공'의 발견은 조야, 정묘, 원인 등의 모든 유한한 대상들로부터 벗어난 자유, 그런 대상들과의 동일시나 그것에 대한 집착에서 벗어난 '무한한 자유'를 의미한다. 이제 모든 대상을 초월하고 내려놓게 된 것이다.

그러나 이 공은 색(형상)의 세계와 둘이 아니다. 궁극의 비이원 상태는 색의 세계 전체를 초월하면서 포함한다. 공이 상태와 자유의 문제라면, 색은 구조와 충만의 문제이다. 공은 빅뱅 이래 또는 그 이전부터 전혀 변하지 않았지만, 색은 우주가 점점 더 복잡한 형태로 진화를 계속하며 점점 더 충만해짐에 따라 확실히 변화했다.

앞에서 보았듯이, 우주는 소립자에서 원자, 분자, 세포, 유기체로 진화했고, 거기서부터 광합성 유기체로, 신경망을 갖춘 유기체로, 그런 다음 뇌간, 변연계, 신피질의 삼중 뇌를 갖춘 유기체로 진화하며 점점 더 완전한 모습을 갖추게 되었다. 이런 홀론들의 내면도 마찬가지로 점점 더 복잡하고 점점 더 완전한 형태로 진화해왔다. '**파악**prehension'에서 자극에 대한 원형질적 감수성·감각·지각·충동·심상·감정으로, 인간에 이르러서는 개념·도식·규칙·형식적 초규칙·비전-논리·메타마인드 및 그 이상(오버마인드와 슈퍼마인드)으로 진화해왔다.

이런 기본적인 홀론들은, 앞서 보았듯이, 본능적 태고 단계로부터 상징의 마법 단계, 개념적 마법-신화 단계, 규칙/역할 신화 단계, 형식 조작적 합리 단계, 후後형식적 다원 단계, 비전-논리적 통합 단계, 3층의 초통합 등 다양한 세계관을 지원한다.

그렇게 해서 다음과 같은 피치 못할 결론에 이르게 된다. 예를 들어, 3천 년 전에 깨달은 현자賢者의 이중 무게 중심이 '신화(구조)'와 '비이원(상태)' 수준이었다고 할 때(그 당시 현자의 일반적인 상태 무게 중심이 '원인' 수준이었음을 고려하면 매우 높은 상태 단계이다), 이 현자와 비교해서 오늘날의 완전히 깨달은 현자가 더 자유롭다고 할 수는 없을지라도, 더 충만하다고 할 수는 있을 것이다(신화가 최상의 구조이던 시대에서 최소한 합리, 다원, 통합이라는 세 개의 새로운 상위 구조가 등장한 시대로 진화했고, 오늘날 완전히 진화한 현자는 이 세 구조 모두를 포함할 것이기 때문이다).

달리 말하면, 진정 깨달은 존재란 역사상 특정 시기에서의 '최상위의 상태'와 '최상위의 구조' 양쪽 모두와 일체인 존재라는 것이다. 역사상 다른 두 시대의 현자 모두가 '비이원 상태'를 달성했다고 가정하더라도, 앞 시대 현자는 잘해야 '신화 구조'까지만 실현했으므로, 최소한 온우주의 진정한 상위 구조(합리, 다원, 통합)는 그 현자에게 이른바 '이해할 수 없는' 세계일 것이다. 그런 존재론적 수준은 그때까지 뚜렷한 모습으로 출현하지 않았기 때문에, 앞 시대의 현자는 그런 구조들과 일체일 수 없었다.

반면, 같은 '비이원적 상태(공)'을 실현한 오늘날의 현자는 앞 시대 현자보다 더 자유롭지는 않더라도, 적어도 온우주의 진정한 상위 구조 세 가지가 그의 정체성에 포함되어 있어서 명백하게 더 완전하게 깨달았을 것이다. '공'은 양자 모두에게 똑같은 자유를 주지만, 더 크고 복잡하게 진화한 '색(형상)'은 현대의 현자에게 (더 많은 공은 아니더라도) 더 큰 충만 또는 더 많은 존재를 부여할 것이다.

바로 이것이 법륜의 제4회전에서 이점으로 취하고자 하는 내용일 것이다. '공'과 '색' 중, 공의 세계는 여전히 '비이원' 또는 '불이不二'이지만, 색의 세계는 냉혹할 정도로 꿋꿋하게 '참신성을 향한 창조적 진보'를 좇아서, 또한 '초월과 포함' 과정을 통해서 진화해왔고 지금도 여전히 진화하고 있다. 따라서 현대의 현자의 정체성은 더 완전하다. 그는 실제로 세 개 정도의 더 큰 실재 수준과, 이에 부합하여 더 크고 더 완전한 존재를 자신 안에 포함하고 있다. 물론 현대의 현자라 하더라도 구조적으로는 고작 마법 수준에 머물러 있어서 고대의 신화 수준 현자보다 못한 충만성을 가지고 있을 수도 있을 것이다. 그러나 '완전한(또는 통합적) 깨달음'을, 역사상 일정 시점에서 그때까지 출현했고 진화한 모든 상태 및 구조와 일체인 존재라고 정의할 수 있다면, 오늘날의 현자가 어제의 현자보다 (더 자유롭지는 않더라도) 현저하게 더 충만한 존재라 할 수 있을 것이다.

그리고 그것은 필경 제4회전을 겪고 있는 모든 불교 종파에 포함시키고 싶은 마지막 요소이다. 진화는 계속 진행되고 있다. 영은 계속해서 활동하고 있다. 실재의 구조는 계속해서 점점 더 높아지고 더 복잡하게 전개되고 있다. 깨달음은 전 우주와의 일체성을 포함하므로, 깨달음 자체도, 예컨대 화이트헤드가 '신의 원초적 본질' 또는 '불변의 공'과 반대되는 의미로 사용했던 개념인 '신의 결과적 본질'처럼 더욱 충만해질 것이고, 그럼으로써 신과의 합일(이때 '자유'는 '신의 원초적 본질'을 지닌 채 불변이다)도 더욱 충만하게 될 것이다. 구조적 단계와 관점들을 포함함으로써 불성佛性의 충만함을 더잘 이해할 수 있게 되고, 그럼으로써 불교의 본래 목표인 '깨달음'의 깊이도 더욱 깊어질 것이다. 이것이 불교가 태동하던 그때부터 불교의 일차적인 목표 중 하나였던 바로 그것이다.

불교에서의 제4회전은, 불교 자체의 역사 및 자기 이해와 일관성을 유지할 뿐만 아니라, 새롭게 추천할 만한 중요한 요소도 많이 갖고 있다. 지금이야말로 그런 회전의 도래가 무르익은 시기라고 주장하는 불교의 스승과 제자들의 견해에 나 역시 동의한다. 세계는 바야흐로 근본적으로 새로운 인식 수준과 유형으로 옮겨가는, 전례 없는 중대한 변형의 기로에 직면해 있다. 잇따른 연구들이 '시스템적' '통일적' '전체론적' '통합적' '포용적' '수용적' '섞여 짜인' '상호연결된' 등과 같은 용어를 공통적으로 사용하는 점도 이를 뒷받침해준다.

과학뿐만 아니라 인간성과 영성도 근본적인 변형의 일부라는 점을 분명하게 알도록 하자. 위대한 해탈의 길이 근대와 탈근대의 세계에도 적합한 길이 되도록 최선을 다하자. 그렇게 해서 그 길 위에서 새로운 변형으로 도약할 수 있도록 준비하자. 그러면 불교는 예전부터 탁월하게 제공해왔던 선물을 이제 훨씬 더 자주 우리에게 줄 준비가 되어 있을 것이다. 과연 그 선물은 어떤 것일까?

법장대사가 임종을 앞두고 있을 때, 다람쥐 한 마리가 사원 지붕 위에서 날카롭게 소리를 질러댔다. 그러자 대사는 "그저 이것뿐, 더 이상 아무것도 없다"라고 말했다.

부머리티스: 당신을 자유롭게 해줄 한 편의 소설
Boomeritis: A Novel That Will Set You Free
(《모든 것의 목격자》, 김영사, 2016)

익살스러운 패러디와 눈부신 학식을 겸비하고 있는 한 대학원생의 자기발견 여정을 다룬 이야기. 이 소설이 표적으로 삼고 있는 것은 켄 월버가 "부머리티스"라고 부르는, 다원주의에 자기애가 더해진 질병이다. 이 질병을 표적으로 삼은 이유는 이 질병이 베이비붐 세대가 가장 많이 걸려 있는 질병이자, 통합비전의 실현을 가장 완강하게 저항하는 장애물이기 때문이다.

모든 것의 역사, 20주년 기념판
A Brief History of Everything, 20th Anniversary Edition
(《모든 것의 역사》, 김영사, 2015)

빅뱅에서 21세기 직전에 이르기까지의 시간과 온우주로의 가슴 설레는 여정에 켄 윌버와 합류하자! 켄 윌버 사상을 이해하기 쉽게 요약한 이 책은 일종의 우주 통일장 이론을 제공해주면서, 더불어 성역할로부터 다문화주의, 환경주의, 인터넷의 의미에 이르기까지 수많은 관련 문제를 다루며 20여 년 동안 수많은 사람의 마음을 확장시켜왔다. 이 특별 기념판에는 윌버가 제작자상을 수상한, 라나 워코우스키Lana Wachowski(매트릭스Matrix 3부작, 클라우드 아틀라스Cloud Atlas)와 나눈 대담이 후기로 실려 있다. 그 친밀한 대담에서 윌버 사상의 진화와 그의 현재 입장을 엿볼 수 있다.

은총과 용기: 트레야 킬럼 윌버의 삶과 죽음에서 보여준 영성과 치유
Grace and Grit: Spirituality and Healing in the Life and Death of Treya Killam Wilber
(근간, 김영사)
트레야와의 결혼, 아내의 병과 치료과정, 그리고 마침내 유방암에 걸린 아내 트레야의 죽음을 겪어야 했던, 켄 윌버의 5년간의 여정에 대한 감동적인 이야기. 트레야의 사적인 기록물에서 발췌한 내용과 켄 윌버의 폭넓은 해설을 엮어 제공한다.

통합명상: 삶 속에서 성장, 각성, 개현의 수단으로서의 마음챙김
Integral Meditation: Mindfulness as a Way to Grow Up, Wake Up, and Show Up in Your Life

《《켄 윌버의 통합명상 : 성장과 깨어남을 위한 마음챙김》, 김영사, 2020)

켄 윌버가 통합이론과 실천에 기반을 둔 명상법인 통합마음챙김에
서 소개하는 근본적으로 새로운 방식을 통해 마음과 조우할 준비를
하자. 이 첨단 기법은 역사상 처음으로 고대의 명상과 마음챙김 방
법을 심리적 발달과 인간의 진화에 대한 현대적 연구와 결합시켜,
완전하고 효과적인 개인 변형 방법을 제시한다.

통합영성: 근대와 탈근대 세계에서 종교의 놀라운 새로운 역할
*Integral Spirituality: A Startling New Role for Religion in the
Modern and Postmodern World*
(《켄 윌버의 통합영성》, 학지사, 2018)
과학과 문화의 혁명을 포함하여, 전근대, 근대, 탈근대 시대 모두에
게 경의를 표하는 영성에 관한 이론서로, 위대한 종교들의 핵심적
인 통찰을 통합한다.

통합비전: 삶, 신, 우주 및 모든 것에 대한
혁명적인 통합 접근에 대한 아주 작은 소개서
*The Integral Vision: A Very Short Introduction to the
Revolutionary Integral Approach to Life, God, the Universe,
and Everything*
(《켄 윌버의 통합비전》, 김영사, 2014)
켄 윌버의 사상을 개인과 세계에 실제적으로 적용할 수 있는 쉬운

입문서를 원하는 모든 이들을 위한 책이다. '모든 것을 이해하기 위한' 도구인 '통합 접근'의 핵심 성분들이 간결하고 멋진 천연색 그림들에 농축되어 있다.

내일의 종교: 위대한 전통의 미래에 대한 더 포용적이고, 더 포괄적이며, 더 완전한 비전
The Religion of Tomorrow: A Vision for the Future of the Great Traditions-More Inclusive, More Comprehensive, More Complete
(근간, 김영사)
모든 위대한 종교 전통의 핵심에 자리 잡고 있는 단일 목적은, 우리 자신과 우주의 본질의 놀라운 실상을 깨닫는 것이다. 하지만 이 핵심적인 통찰은 신화와 의례를 자체의 목적으로 삼아왔던 수 세기에 걸친 문화적 흡착으로 인해 약화되고 말았다. 켄 윌버는 이 책에서 본연의 영적 비전을 충실히 견지하면서도, 모든 영역에서 인간성의 진화를 인정하는 미래의 종교를 마음에 그리기 위한 길을 제시한다.

성, 생태, 영성: 진화의 정신
Sex, Ecology, Spirituality: The Spirit of Evolution
(《켄 윌버의 성, 생태, 영성》, 학지사, 2021)
온우주 3부작 중 첫 번째 책이자 사분면 모델을 최초로 소개한 책이다. 학문적 지식과 비전을 제공하는 이 역작은 물질에서 생명, 마음과 그 이상의 수준들에 이르기까지의 진화과정을 추적하면서, 진화가 이 세 영역 모두에서 취하고 있는 공통적인 패턴을 기술한다. 켄 윌버는 특히 근대 정신과 탈근대 정신이 젠더 문제, 심리치료, 생태적 관심, 그리고 다양한 해방운동에 어떻게 관련되어 있는지에 초점을 맞춘다.

모든 것의 이론: 비즈니스, 정치, 과학 및 영성에 대한 통합비전

A Theory of Everything: An Integral Vision for Business, Politics, Science, and Spirituality

(《켄 윌버의 모든 것의 이론》, 학지사, 2015)

진정한 '세계 철학'으로서의 통합 접근에 대한 간결한 요약본이다. 다양한 분야에서 현실 세계에 적용되는 많은 사례를 포함하고 있어서 주목할 만한 책이다. 도움이 되는 많은 실질적인 예를 담고 있는 간결한 책으로, 켄 윌버 사상의 입문서로 평판이 나 있다.

트럼프와 탈진실의 세계

Trump and a Post-Truth World

(《켄 윌버, 진실 없는 진실의 시대》, 김영사, 2017)

세계가 혼란에 빠져 있다. 민주주의가 허무주의와 나르시시즘에 휘청거리고 있다. 엄청난 반목, 냉소적인 사고방식과 불화로 인한 우리 사회의 분열을 어떻게 치유할 수 있을까? 이 도발적인 저술에서 윌버는 어떻게 우리가 이런 지경에 처하게 됐는지, 그리고 왜 그곳에 희망의 불씨가 있는지 그 이유를 설명하기 위해 자신의 통합적 접근을 적용한다.

옮긴이의 말
—

《켄 윌버의 통합불교: 영성의 미래》는 2018년 샴발라 출판사에서 발행한 *Integral Buddhism and the Future of Spirituality*의 완역본이다. 저자는 서문에서 이 책이 2017년 출간된《내일의 종교》의 핵심적인 내용을 간추린 요약본이라고 소개하고 있지만, 서문 말미에는 '2013년 가을'이라고 쓰여 있다. 이 2013년이라는 연도가 오기가 아니라면, 요약본이 원본보다 4년이나 앞서 출간된 셈이 되어서 고개를 갸우뚱거리게 된다. 하지만《통합불교》와 내용이 거의 동일한《제4회전The Fourth Turning》이라는 제목의 책이 2014년에 전자책 e-book 형태로 이미 출간된 바 있기 때문에, 이 점을 감안하면 '2013년 가을'은《제4회전》의 서문에 썼던 연도를 고치지 않고 그대로 두었기 때문이라는 추측이 가능해진다.

《내일의 종교》가 17개 장, 800여 쪽의 방대한 양의 전문서적이라는 점을 감안하면, 핵심내용만 요약한 종이책paper book 형태의 새로

208 켄 윌버의 통합불교

운 요약본이 필요했을 것이고,《통합불교》가 그 필요성에 부합하는 책이라 할 수 있겠다.

저자 켄 윌버는 20대 초반 약관의 나이에 쓴《의식의 스펙트럼》이란 책으로 관련 학계를 놀라게 한 바 있다. 그 후 50년이 넘도록 특유의 독창적인 통합적 비전을 제시하면서, 정치·경제·사회·문화·교육·종교 등 일상생활의 거의 모든 분야를, AQAL로 알려진 자신의 통합모델을 통해 새롭게 정립하고 있는, 진정한 의미에서의 세계 철학자World Philosopher라고 할 수 있다.

"21세기는 다음 세 명 중 한 명을 선택해야 할 기로에 놓여 있다: 아리스토텔레스냐, 니체냐, 아니면 윌버냐."(잭 크리텐든)라든가, "프로이트, 마르크스, 아인슈타인이 세계관을 바꾸어놓은 만큼이나 윌버는 머지않아 다방면에 걸친 새로운 세계관의 창시자로 인식될 것이다."(존 화이트)라는 평론가들의 극찬에서 그가 점하고 있는 위치가 어느 정도인지 가늠해볼 수 있을 것 같다.

저자가 이 책에서 종교 전반을 아우르는 '통합영성'의 본보기로 '불교'를 선택한 이유는, 불교가 다른 종교보다 우월하다든가 더 선진적인 고등한 종교라고 생각해서가 아니다. 통합영성의 구체적인 모습을 보여주려면 일반적이거나 추상적인 종교가 아닌, 실제적이고 구체적인 예를 들어야 할 필요가 있었고, 그런 점에서 불교가 다른 종교보다 적합하다고 보았기 때문이다.

본문에도 나와 있듯이, 불교는 실제로 자신의 가르침에 대한 지속적인 전개와 확장에 언제나 개방적이었고, 자신의 시스템이 진화·발달하고 있다는 사실을 스스로 잘 인식하고 있었다. 그뿐 아니라, 역사적으로 볼 때 불교의 가르침은 세 번에 걸쳐 발전적으로 크게 전환되는 시기를 겪었기 때문에, 자신의 가르침에 새로운 내용을 추가해서 최신의 가르침으로 만드는 데 익숙하다는 독특한 특징을 갖고 있기도 하다. 따라서 이 책에서 저자가 제시하는 통합불교와 통합영성의 모습은, 불교나 그 밖의 종교의 근본적이고 핵심적인 본래 가르침을 그대로 간직한 채 새롭게 알려진 첨단 지식을 추가한, 더 포괄적이고 포용적이며 더 완전한 모습의 종교라 하겠다.

그러므로 불교뿐만 아니라 불교가 아닌 다른 신앙을 갖고 있는 분들이나, '영적이긴 하지만 종교적이진 않다'고 생각하는 분들은, 이 책의 내용을 검토하면서 저자가 제안한 통합적인 틀이 자신의 영적인 길에 어떻게 적용될 수 있는지, 그리고 그런 제안들이 오늘날 전근대, 근대, 탈근대 세계가 뒤섞여 있는 복잡한 세계에서 종교가 당면하고 있는 여러 문제를 다루는 데에서 어떤 도움이 될 수 있고 어떤 새로운 의미를 부여해줄 수 있는지 알아보는 것도 매우 뜻깊은 일이 될 수 있으리라고 생각한다.

켄 윌버는 제4회전의 통합불교가 반드시 포함해야 할, 또는 포함할 것으로 예상되는 새로운 필수 아이템으로 크게 5가지를 제시하는데, 의식의 상태와 시점, 의식의 구조와 관점, 사분면, 그림자 작업, 유형론이 그것이다. 어쩌면 이것들은 그중 어느 한 가지만 제외하더라도 통합적인 영성이라고 말하기 어려울 정도로 필수적인 최소한의 신규 아이템들이다.

210 켄 윌버의 통합불교

'의식의 상태와 시점'은 불교가 시초부터 추구해온 깨어남의 길, 즉 1인칭 영적 경험의 길로서, 사실상 모든 종교/영성의 출발점이자 존재 이유라고 할 수 있는 핵심 요소이다. 이에 비해 '의식의 구조와 관점'은 불과 100여 년 전 서구의 과학적 연구를 통해 밝혀진 성장의 길이자 3인칭 영성 지능의 길로서, 여러 단계로 이루어진 구조 속에서 변환과 변형과정을 거쳐 가면서 성장·발달해가는 다층적 의식 구조를 말한다. 여기서 '변형transformation'은 구조-단계의 한 수준에서 상위 수준으로 이동했을 때 일어나는 관점의 수직적 확장과 성장을 의미하며, '변환translation'은 동일 수준 내에서의 수평적인 확장을 의미한다. 자아 수준에서 경험하는 현상을 같은 수준에서 새롭게 해석하거나 이해할 경우 변환이며, 그 현상을 상위 실존 수준으로 올라가 완전히 다르게 해석하고 이해할 경우 변형이다.

윌버의 통합영성에서는 의식의 상태와 구조, 깨어남의 길과 성장의 길, 1인칭 영적 경험과 3인칭 영성 지능, 이 두 길이 전개해 나아가는 여러 단계를 상세히 보여줄 뿐만 아니라, 윌버-콤즈 격자를 통해서 '깨달음'에 대한 새로운 접근과 이해를 보여주기도 한다.

"구조가 상태를 해석한다는 이해 속에는 그동안 풀지 못했던 수많은 신비를 풀어내는 만능열쇠가 들어 있다"라는 저자의 말과, "불교와 그 밖의 다른 모든 영성에서 이 만능열쇠를 제대로 활용하면 각기 획기적인 도약을 하게 될 것"이라는 저자의 말은, 통합적 영성을 추구하는 종교라면 깊이 새겨들을 가치가 있어 보인다.

저자는 통합불교와 미래의 모든 영성의 가르침에 반드시 추가해야 할 만한 또 하나의 아이템으로 '그림자 작업'을 추천한다. 그림자란 우리의 의식 구조와 상태를 구성하는 요소들 중, 우리가 원하지 않거나 적절히 통합하지 못하고, 억압·분리·소유 부정되어 무의식에 침잠된 채, 그곳에서 영향을 미치는 부정적인 요소들을 말한다. 이런 그림자는 어떤 상태 단계, 어떤 구조 수준에서도 만들어지기 때문에, 구조 발달이 아무리 상위 수준에 있더라도, 또는 명상을 통해 상태 발달이 아무리 성공적일지라도, 기형의 병적인 그림자가 구조와 상태 양쪽 모두의 건강한 성장 과정을 망쳐놓을 가능성이 늘 있게 마련이다.

저자는, '깨어나도록 이끌어주는 명상조차도 그림자 문제를 치유할 수 없고, 오히려 명상이 자칫 그림자 문제를 더 키울 수 있다'는 점을 알고 있는 명상 시스템은 현재 거의 전무하다고 지적한다. 더욱이 저자는, 상태 측면에서는 훌륭한 스승이지만 구조 측면에서는 한참 뒤처져 있거나 그림자 문제로 시달리는 스승도 있을 가능성이 있다는 점을 지적하면서, 구조와 상태 발달이라는 중차대한 성장 과정에서 그림자의 희생자가 되지 않기 위해서라도, 통합영성에는 그림자에 대한 이해와 치유과정이 반드시 추가될 필요가 있다고 강조한다. 《내일의 종교》에서는 발달과정에서 역기능을 일으킬 가능성이 있는 그림자 문제를 다루는 데 총 6개 장, 200쪽 이상을 할애할 정도로 매우 중요하게 다루고 있다.

그림자에 대한 몰이해와 치유작업의 부재 때문이든, 의식의 상태와 구조 발달이 현시대에 어울리지 않게 낮은 단계에 머문 채 고착되어 있는 발달지체라는 병리 때문이든, 국내외적으로 '종교'가 처해 있는 현재의 모습을 보면 매우 실망스러운 마음을 금하기 어렵다. 그러나 "종교가 앞으로 통합적인 모습으로 변형해갈 경우, 깊숙이 자리 잡고 있는 갈등과 투쟁을 넘어선 평화로운 세계, 상호 관용과 포용으로 충만한 성숙한 세계를 향해 나아가도록 이끌어갈 것이다. 그리고 지금 종교는 더디기는 하지만 (통합불교가 그렇듯) 통합적 영성으로 착실히 나아가고 있다"라는 저자의 근거 있는 메시지는 우리로 하여금 다시금 희망을 갖게 한다.

"우리가 통합적인 관점으로 생각할 때마다, 통합적인 문장을 읽거나 쓸 때마다, 통합적인 느낌이 우리의 온몸을 훑고 지나갈 때마다; 통합시대에 필요한 내적 대상들을 구축하는 것이고, 그런 통합적 내적 대상들이 어느 날 우리가 보고 만질 수 있는 감각 운동 세계에 그 모습을 실제로 드러낼 것"이라는 저자의 말을 통해, 그 변화가 가져올 통합적 사회의 엄청난 모습을 상상해보는 것만으로도 가슴이 웅장해진다.

언젠가 그런 개인들로 이루어진 그런 사회가 도래하리라는 것을 우리는 어떻게 확신할 수 있을까? 신화적 관점으로 이루어진 전근대 사회에서 합리적 관점의 근대 사회로 성장했다는 것은 의문의 여지가 없는 사실이며, 합리적 관점으로 이루어진 근대 사회에 살고 있는 우리는, 이미 다원적 관점으로 이루어진 탈근대 사회의 모습을 함께하고 있다는 것 또한 팩트이다. 따라서 이제 1층을 너머 2층 통합적 관점으로 올라서리라는 것 역시 그저 이론이나 희망사항이 아닌 팩트라고 할 수 있을 것이다.

끝으로 《켄 윌버의 통합불교》를 번역할 수 있도록 기회를 주신 김영사 고세규 대표께 감사드리며, 특히 까다로운 불교 용어와 문장을 다듬고 편집과정 전반을 세심하게 진행해주신 편집자 및 이 책이 나오기까지 다방면에서 여러모로 애써주신 다른 모든 분들에게도 고마움을 전한다.

2022년 2월
옮긴이 김철수

찾아보기

1-2-3과정 126

1인칭 35, 37, 42, 49, 50, 72, 74, 76, 83,
    126, 127, 137, 140, 158, 193

1층 32, 87, 91, 95, 104, 106, 119

2인칭 35, 72, 74, 84, 96, 126, 127,
    134, 136, 137, 141, 156, 159

2층 32, 33, 41, 77, 87, 90, 91, 95, 104,
    106, 107

3-2-1-0 과정 128, 129

3-2-1 과정 126, 127, 29, 130

3인칭 35, 42, 49, 50, 72, 85, 88, 96,
    101, 126, 127, 130, 137, 158, 193

3중 뇌 35, 107

3층 77, 104, 105, 106, 107, 165, 198

4인칭 35, 96, 102

AQAL 틀 96, 135, 152, 162, 167, 168,
    197

U프로세스 156

ㄱ

가우따마 ☞ 붓다

가톨릭교회 184, 191

게세 켈상 갸초Kelsang Gyacho, Geshe 64

겐포 로시Genpo Roshi 106

겝서Gebser, Jean 32, 35, 36, 37, 170

고도高度 78, 88, 121, 160, 165

공空·shunyata 8, 21, 25, 48, 54, 120,
    121, 140

공포 52, 127, 128, 129, 140, 143, 151

관습적 진실 ☞ 상대적 진실

관음보살 70

관점views 31, 39, 40, 41, 48, 61-63, 71-
  75, 76, 81-95, 99-116, 119, 124,
  146, 149, 178, 179, 184, 188, 190,
  195, 200

관찰자 153, 195, 196

광휘 42, 53, 59, 73, 74, 117, 123

구강(적) 124

구루 요가 137

구조-단계 42, 43, 54, 63, 74, 76, 77,
  81, 84, 85, 87, 90, 99, 104, 106,
  107, 116, 119, 123

구조 디딤판 ☞ 디딤판

군라우그손Gunnlaugson, Olen 156

궁극적 진실/실재 20, 21, 24, 48, 51,
  60, 100, 186, 189

그레이브스Graves, Clare 32, 36, 37, 41,
  83

그림자 요소 45, 126, 130, 179

그림자 작업 103, 122, 130, 158

《금강경》 24

금강승金剛乘 8, 9, 17, 23, 25, 28, 30, 48

금강신金剛身 · Vajrakaya 30

길리건Gilligan, Carol 89, 150, 151

깨어 있는 상태 50, 51, 53, 54, 66

깨어남waking up 60, 178

꿈꾸는 상태 50, 51, 54, 69, 71

나가르주나Nāgārjuna 8, 16, 20, 21, 48,
  137

나선 다이내믹스Spiral Dynamics 83

나의 존재성I AMness 87, 138, 147

날란다 대학 8, 17, 28

남색 79, 80, 119, 165, 168

녹색 79, 80, 87, 95, 132, 154, 158,
  165, 168, 176

《능가경》 23, 24, 26, 28, 169, 189

《능가사자기》 24

닝마파Nyingmapa 25, 37

다르마 106, 110, 111, 114, 141

《다른 목소리로》(길리건) 89

다원적 (관점) 32, 41, 62, 74, 75, 87, 88,
  89, 90, 92, 99, 101, 102, 106, 115,
  120, 152, 174, 188, 189, 190

다중 지능 39, 40, 43, 50, 76, 77, 78,
  108, 135, 186

달라이 라마 70

대승 8, 23, 48

대회전 16, 17, 25, 48, 180

도덕 단계 59

도덕성 37, 78, 84, 179

도덕 지능 39, 43, 77

동일시 40, 51, 52, 53, 54, 58, 59, 63,
  64, 65, 66, 92, 123, 125, 127, 139,
  140, 156, 188, 197

두 번째 회전 8, 16, 48

등반자 61, 63

디딤판 60-63, 73, 76, 77, 78, 83, 87,
  90-95, 99, 107, 110, 111, 126,
  130, 135, 146, 152, 166, 178, 179,
  190, 195

디어키스Dierkes, Chris 6

디페르나DiPerna, Dustin 7, 157

ㄹ

라인line 39, 62, 77, 78, 96, 135, 164,
  180

롱첸파Longchenpa 189

뢰빙거Loevinger, Jane 37, 80

ㅁ

마르티노Martineau 157

마법(적) 32, 40, 62, 80, 82, 83, 92, 93,
  99, 113, 131, 132

마법-신화(적) 62, 72, 73, 82, 83, 99

마음챙김 48, 57, 59, 128

마이어스-브리그스 유형론(MBTI) 148,
  197

마틴Martin, Jeffery 122

마하무드라 42, 60, 64

말나식manas 26

말러Mahler, Margaret 160

매슬로Maslow, Abraham 32, 33, 36, 37,
  79

머피Murphy, Mike 162

메타마인드 62, 79, 104, 105, 198

명상 37, 41-45, 52-54, 56-58, 66-67,
  69, 70, 74, 78, 109, 117, 121, 127,
  130, 151, 162, 192, 194

모제Moze, Mary Beth 156

무게 중심 54, 57, 58, 62, 73, 94, 103-
  105, 110, 121, 125, 198

무르띠Murti, T.R.V. 23

무신론자 86, 102, 109

무아 19, 21, 73

무착Asanga 8, 17, 24, 48

민족 중심 31, 38, 74, 75, 84, 100, 101,
  114-115, 121, 181-185

ㅂ

바렐라Varela, Francisco 155

박성배 27

반야prajñā 22

《반야심경》 22, 197

발달 라인 ☞ 라인line

발달 수준 32, 39, 40, 71, 77, 78, 81,
  90, 99, 103, 104, 107, 151, 152,
  166

방어기제 122, 126

법륜 7-9, 16, 25, 30, 48-49, 98, 116-
117, 178

법상종 189

법신法身·Dharmankaya 29, 51, 65

법장대사 201

변성transmutation 29

변형transformation 26, 29, 31, 34, 60,
63, 95, 100, 108, 128, 154, 160,
163, 179, 190, 191, 201

보살 서원 22, 23, 121

보신報身·Sambhogakaya 51, 64

본래면목 52

볼더Boulder 통합센터 157

봄Bohm, David 155

부버Buber, Martin 136

분기점 62-63, 124

분노 28, 44, 83, 126, 128, 129

분자 35, 88, 91, 107, 133, 137, 143,
158, 198

《불교의 중심 철학》(무르띠) 23

불성佛性 22, 190, 200

불심佛心 58

불이不二 20, 27, 28, 34, 56, 199

붓다Buddha 8, 16, 24, 35-37, 102, 114,
141, 154, 167

붓다고사Buddhghosa 37

브라운Dan Brown 60, 65, 66

브루노Bruno, Diordano 118

비이원 22, 27, 28, 43, 50-53, 56, 58-
60, 64-67, 76, 105-107, 111, 116-
118, 120-121, 128-129, 166-167,
180, 188, 197-199

비전-논리 61, 90, 92, 109, 126, 145,
189, 198

빅마인드Big mind 106

사다리 61, 93

사분면四分面 70, 92, 103, 131-133, 135-
137, 141-142, 144-145, 147, 163,
167, 170-172, 179-180, 192-193

사성제 19

사중 규정 141, 192

사중 진화 141

사중 파악 141, 145

상가Sangha 154, 159, 166-167, 171

상대적 진실 20, 108, 137, 186, 189

상좌부Theravāda 8, 16, 48, 113

상태 영역 60, 64, 69, 76, 125

상호주관적 134, 156, 165-166

생귄Sanguin, Bruce 6

샤머Scharmer, Otto 155-156

샹카라Shankara 33

선禪 24, 28, 114, 121

선교방편 17, 30

성격유형 148, 153

성장 위계 88, 89, 91, 189

세계 공간 168-169, 172

세계 중심(적) 31, 38, 100, 101, 112,
114, 183-185, 187, 191

세친Vasubandhu 8, 17, 24, 48

속제 ☞ 상대적 진실

수피Sufis 52

슈퍼마인드 62, 79, 104-107, 198

스미스Smith, Paul 6

스위니Sweeney, Patrick 7

스즈키Suzuki, D. T. 114

스태니크Stanich, Rollie 6

스퐁Spong, Shelby 86

스피로Spiro, Melford 113-114

시스템 이론 149

시점vantage points 48, 50, 60, 64-65, 71,
73-74, 110, 116, 117, 119, 123,
125, 130

신경생리학 191

신비주의 56, 76, 88, 92, 105, 117, 122,
193

신화(적) 32, 40, 72, 83-85, 92, 108,
113, 115-116, 118, 120-121, 146,
147, 187

신화-축어적 73, 82, 109, 113, 119, 182,
184

심지心誌·psychograph 158, 163

십우도 37

싱할라Sinhala 113

ㅇ

아가페 143, 146

아디 다Ruchira Avatar Adi da Samraj 67

아인 소프Ein Sof 58

알아차림Awareness 53, 57-60, 65-66,
128-129

암녹색 79, 80, 90, 95, 132, 158, 160,
165, 168

양자역학 193

"어두운 밤" 59, 68

언더힐Underhill, Evelyn 58-60, 67

에니어그램 148-149, 153, 195

에로스 91, 142-143, 145-146, 163

에크하르트Eckhart, Meister 118

영성 9-10, 18, 50, 76, 81, 95, 97, 98,
101-103, 109-110, 116-117, 119,
121, 177, 178-179, 182, 186-187,
194-195, 201

영성 지능 6-7, 76-78, 81, 86, 88, 95-
96, 101-102, 104, 108, 118-119,
182-183, 186, 188

영적 경험 6-7, 41, 76, 119

영적 발달 42, 75, 110-111

예수 44, 71-73, 117, 183

오렌지색 79-80, 85, 132, 165, 168, 171-172

오버마인드 62, 79, 105

오순절Pentecost 117

오온五蘊 67, 68

온우주Kosmos 40, 41, 54, 91, 138, 169, 171-175, 177, 180, 199

'우리' 훈련 154-155, 157-158, 160, 162, 164, 166

원숭이 마음 57

원인적causal 67, 69, 118, 144, 156, 165, 169-170

원자 20, 35, 88, 91, 133, 137, 143-144, 198

월시Walsh, Roger 194

위대한 당신 136-137, 141

위대한 생명의 망 87, 136-137

윌버-콤즈 격자 55

유가행파 8, 16-17, 24-28, 33-34, 48, 78

유대교 7, 69

유칙Ucik, Martin 152

유형론 103, 148-149, 153, 195, 197

윤회 18-23, 29, 34, 197

융Jung, Carl 122

의식 구조 41-43, 45, 49, 61, 78, 104, 123, 182, 192

의식 상태 42-43, 45, 50-51, 53-56, 70, 81, 100, 103-104, 118, 152, 190, 192-193

이중 무게 중심 55, 110, 198

인식론 20, 92, 142

ㅈ

자비 17, 29-30, 34, 70, 85, 165, 177

자색 79-80, 168

자성신自性身·Svabhavikakaya 30, 51

자아 중심 38, 43, 72-73, 84, 99, 183

자아발달 척도 122

자연 신비주의 76, 88

자외선 79-80, 168

자존감 40, 62

자홍색 79-80, 82, 132, 168

장식藏識(알라야식) 26, 122, 169

적멸 20

적색 68, 79-80, 82, 132, 169-171

적외선 79-80, 168

전체성 27, 77, 87, 90, 142-143

전환점 90, 125

절대 진리 108

절정경험 59, 60

정묘subtle 43, 51, 54-59, 64-68, 73-74, 76, 105, 117, 120, 125-126, 156-157, 192, 197

정서 39, 44, 59, 62, 77, 93, 120, 133, 150, 165, 196

정토종 113

정화Clean Up 59, 68, 180

제1회전 29

제2회전 29

제3회전 29

제4회전 18, 29, 30, 34, 36, 43, 45, 49,
97, 111, 116–117, 178, 180, 187,
195, 199–200

제퍼슨Jefferson, Thomas 72, 86

조야gross 43, 51, 53–59, 64–68, 71, 76,
104–105, 111, 117, 120, 125, 156–
157, 165, 192, 197

존슨Johnson, Kurt 7

존재론 20, 92, 146, 169, 171, 173, 175,
199

종교 5, 10, 28, 33–34, 44, 50, 81, 84–
87, 95, 101, 103, 108–109112–114,
117–119, 178, 183–187, 191, 193

쫑카파Tsongkhapa 189

주객 이원성 66, 129

주시자 51, 58, 66, 69, 139, 196

중관파中觀派 16–17, 23, 25, 27–28, 48,
140

지고의 정체성 52, 58, 118, 186

지배적 모나드 157–158

지배자 위계 88–90

진여眞如 50, 54, 58, 66, 105–107, 121,
180, 186

진제 ☞ 절대 진리

진화 6, 16, 18, 23, 31, 33–36, 88, 90–
91, 94–95, 100–101, 104, 107–111,
137–138, 141, 145–147, 150–151,
154, 156–157, 160, 162–163, 174,
176, 180, 183, 186–187, 189–191,
195, 198–200

집단 깨달음 156

집합 무의식 122

ㅊ

차원 교차 훈련 162

참 자기 21, 52, 54, 66, 68, 138, 140,
180, 186

창조성 144, 147, 171

첫 번째 회전 48

청록색 79–80, 90, 95, 105, 132, 165,
168

청정광 79–80, 168

체스터튼Chesterton, G. K. 34

체페츠Chafetz, Janet 149

초개인적 41, 70, 80, 107

초기불교 16–19, 28, 34, 37, 48, 114

초월과 포함 6, 9, 18, 53, 63–64, 69, 91,
107, 147, 169, 197, 199

초통합 41, 55–56, 95, 99, 103, 107,
112, 120, 182, 198

추동 72, 79, 142–143, 145, 148

충만 33, 35–36, 54, 179, 198–200

ㅋ

칸트Kant, Immanuel 98

커번Chirban, John 60

컨베이어벨트 108, 178, 187

콜버그Kohlberg, Lawrence 37-38

콤즈Combs, Andrew 55, 211

쿠노프Cunov, Decker 157

쿡 그로이터Cook-Greuter, Susanne 80, 122

키건Kegan, Robert 79, 102, 121, 161

키팅Keathing, Father Thomas 6

ㅌ

타나토스Thanatos 143

타당성 요건 134

탄트라tantra 8-9, 17, 28-30, 34, 48, 67, 128

탈근대 6, 10, 32, 56, 62, 67, 69, 75, 87, 90, 94-95, 98, 119, 136, 150, 201

탐닉(중독) 123-125

태고(적) 32-33, 54-56, 62, 77, 81, 91, 107, 109, 112, 146, 148, 182, 183, 198

통찰 22, 33, 43, 73, 165, 178-179

통합기독교 6, 167

통합생활 훈련 129, 162

《통합심리학》 39, 43

통합 연구소 121, 126, 162

통합영성 45, 95-96, 99, 103-104, 107, 111, 116-117, 136, 166-168, 178-179

통합의학 134-135, 168, 179

통합이론 54, 78, 91, 142, 145, 158, 162, 194

'통합적 우리' 162, 164,

투리야Turiya 68, 80

투리야티타Turiyatita 68, 106

투사投射 126-127, 129-130

트랄레그 림포체Traleg Rinpoche 189

트룽파Trungpa, Chogyam 7

티베트 8, 25-26, 29, 60, 65, 70, 130, 192

틸리히Tillich, Paul 76

ㅍ

파라마인드 62, 79, 104-105, 109

파악prehension 131, 141, 143-145

파울러Fowler, James 76, 80-82, 84-85, 87, 90

팔머Palmer, Helen 153

팔정도 19

패튼Patten, Terry 158, 164

페미니스트 89, 102, 115, 150

페미니즘 88, 188

포보스phobos 143

프로이트Freud, Sigmund 39, 143

플로티누스Plotinus 33

ㅎ

해밀턴Hamilton, Diane Musho 7

헤겔Hegel, G. W. 63

현명근득顯明近得 68

현자賢者 99-100, 198-200

형상 36, 56, 70, 121, 138, 197

형태형성 장 146-147, 169-170

혜능慧能 24

호박색 79-80, 132, 168, 171

혼soul 51, 57, 59-60, 65, 68, 104, 118, 125-126, 128

홀론holon 91, 142, 144, 198

화신化身 · Nirmanakaya 51, 64

화이트White, Lynn 114

화이트헤드Whitehead, Alfred North 91, 142, 144-145, 200

회심metanoia 53, 60

후드Hood의 신비주의 척도 122

휘블Huble, Thomas 157

힌두교 69, 97, 111, 114, 185

그림 목록

그림 3.1 윌버-콤즈 격자 55

그림 3.2 기본 구조 디딤판과 관련된 관점들 62

그림 3.3 명상 상태의 주요 단계 68

그림 3.4 주요 발달 라인별 의식의 수준 79

그림 3.5 주요 발달 라인별 의식의 수준(계속) 80

그림 4.1 네 사분면의 일반적인 세부 사항 131

그림 4.2 인간의 특성에 적용한 AQAL 132

그림 4.3 타당성 요건 134

그림 4.4 통합의학의 사분면 135